essentials

essentials liefern aktuelles Wissen in konzentrierter Form. Die Essenz dessen, worauf es als „State-of-the-Art" in der gegenwärtigen Fachdiskussion oder in der Praxis ankommt. *essentials* informieren schnell, unkompliziert und verständlich

- als Einführung in ein aktuelles Thema aus Ihrem Fachgebiet
- als Einstieg in ein für Sie noch unbekanntes Themenfeld
- als Einblick, um zum Thema mitreden zu können

Die Bücher in elektronischer und gedruckter Form bringen das Fachwissen von Springerautor*innen kompakt zur Darstellung. Sie sind besonders für die Nutzung als eBook auf Tablet-PCs, eBook-Readern und Smartphones geeignet. *essentials* sind Wissensbausteine aus den Wirtschafts-, Sozial- und Geisteswissenschaften, aus Technik und Naturwissenschaften sowie aus Medizin, Psychologie und Gesundheitsberufen. Von renommierten Autor*innen aller Springer-Verlagsmarken.

Stefan Georg · Lelde Paegle ·
Chris Heiler

Anwendung des Lean-Change-Management-Approachs in Zeiten der digitalen Transformation

Ein praxisorientiertes Vorgehensmodell

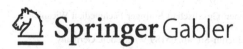

Springer Gabler

Stefan Georg
Hochschule für Technik und Wirtschaft
des Saarlandes
Saarbrücken, Deutschland

Chris Heiler
Saarbrücken, Deutschland

Lelde Paegle
München, Deutschland

ISSN 2197-6708   ISSN 2197-6716 (electronic)
essentials
ISBN 978-3-658-42265-3   ISBN 978-3-658-42266-0 (eBook)
https://doi.org/10.1007/978-3-658-42266-0

Die Deutsche Nationalbibliothek verzeichnet diese Publikation in der Deutschen Nationalbibliografie; detaillierte bibliografische Daten sind im Internet über http://dnb.d-nb.de abrufbar.

Planung/Lektorat: Vivien Bender
Springer Gabler ist ein Imprint der eingetragenen Gesellschaft Springer Fachmedien Wiesbaden GmbH und ist ein Teil von Springer Nature.
Die Anschrift der Gesellschaft ist: Abraham-Lincoln-Str. 46, 65189 Wiesbaden, Germany

Was Sie in diesem *essential* finden können

- Relevanz und Darstellung des Change-Managements
- Betonung der Digitalisierung als Treiber von Veränderungen im Unternehmen
- Vorstellung von sieben verschiedenen Tools zur Umsetzung eines Lean-Change-Management-Approachs
- Validierung der Lean-Change-Management Tools
- Diskussion eines Ansatzes zum Controlling des Lean-Change-Managements

Vorwort

Das vorliegende Buch widmet sich einem hochaktuellen und essenziellen Thema im Kontext moderner Unternehmensentwicklung: dem Lean-Change-Management-Approach. In einer Zeit, in der die Digitalisierung die Unternehmenslandschaft revolutioniert und Großunternehmen vor unzählige neue Herausforderungen stellt, wird die Notwendigkeit für agile und effektive Veränderungsprozesse immer deutlicher.

Der Lean-Change-Management-Approach hat sich in diesem dynamischen Umfeld als eine wegweisende Methode etabliert, um Veränderungen effizient und effektiv zu implementieren. Das hier vorgestellte Essential ergründet die vielfältigen Aspekte dieses Ansatzes und hebt insbesondere sieben priorisierbare Tools hervor, die es Unternehmen ermöglichen, den Wandel in einer Weise zu gestalten, die sowohl nachhaltig als auch erfolgversprechend ist.

Ein zentraler Fokus liegt dabei auf der Bedeutung der Kommunikation im Rahmen des Lean-Change-Management-Approachs. Die Kunst, Veränderungen verständlich zu vermitteln und alle Beteiligten aktiv einzubinden, erweist sich als entscheidender Erfolgsfaktor. Dieses Werk beleuchtet die Wege, auf denen Kommunikation nicht nur Informationen übermittelt, sondern auch den Wandel selbst katalysiert.

Spannend ist auch die Erkenntnis, dass die einzelnen Tools des Lean-Change-Managements nicht nur als Instrumente zur Veränderung, sondern auch zur Validierung von Veränderungsprozessen dienen können. Diese doppelte Funktion verdeutlicht die Vielseitigkeit und den Mehrwert dieses Ansatzes für Unternehmen, die in einer sich ständig verändernden Geschäftswelt agieren.

Neben den praxisorientierten Aspekten des Lean-Change-Managements legt diese Publikation auch den Grundstein für ein fundiertes Change-Controlling. Mithilfe von Kennzahlen und Kennzahlensystemen erhalten Unternehmen nicht nur die Möglichkeit, den Veränderungsfortschritt zu messen, sondern auch das Management von Veränderungsprozessen gezielt zu steuern und anzupassen.

Die praxisbezogenen Erkenntnisse, die in diesem Buch zusammengetragen wurden, bieten eine wertvolle Quelle für Unternehmen, Führungskräfte, Berater und Forscher, die sich mit den Herausforderungen der Digitalisierung und dem effektiven Management von Veränderungen auseinandersetzen.

Inhaltsverzeichnis

Abkürzungsverzeichnis

Etc.	Et cetera
Et al.	Et alii
f.	Folgende
ff.	Fortfolgende
IT	Informationstechnologie
KPI	Key Performance Indikator
ROI	Return on Investment
S.	Seite
SCARF	Status, Certainty, Autonomy, Relatedness, Fairness
SMART	Spezifisch, Messbar, Akzeptiert, Realistisch, Terminiert
Vgl.	Vergleiche

Abbildungsverzeichnis

Tabellenverzeichnis

Die Relevanz des Change-Managements

Zurzeit ist nichts konstanter als der Wandel selbst. Unternehmen stehen vor großen Herausforderungen hinsichtlich der allgegenwärtigen volkswirtschaftlichen, politischen und pandemischen Krisen. Neuartige Technologien wie das Cloud-Computing, Big Data, die künstliche Intelligenz und das Internet der Dinge verändern komplette Strukturen innerhalb eines Unternehmens.[1] Darüber hinaus besitzt die Digitalisierung enorme Entwicklungschancen für Großunternehmen, da insbesondere unternehmensinterne Kapazitäten (wie beispielsweise qualifizierte Teams, Expertenwissen und Technik) für den digitalen Wandel geschaffen wurden.

Der Faktor Mensch ist nach wie vor ein signifikanter Bestandteil einer erfolgreichen digitalen Transformation. Der Mut zur intrinsischen Veränderung ist enorm wichtig, sodass neue Wege der Mitarbeiterführung und des Arbeitens an sich *(New Work)* erschlossen werden können. Jedoch wird ein sogenannter *Digital-Leader* auf Widerstände im Unternehmen treffen, bevor Neuerungen durch das Change-Management greifen.[2] Das wissen auch alle Controller, die Veränderungen im Unternehmen anstoßen. Der Unternehmenserfolg kann in Zeiten der Digitalisierung vor allem durch ein *Digital-Business-Leadership* gesichert werden, indem Mitarbeiter zu aktiven Gestaltern des Wandels werden.[3] Insbesondere für Großunternehmen ist der digitale Wandel ebenso eine Herausforderung. Das digitale Mindset wird durch ein kontinuierliches Lernen und eine adaptive Arbeitsweise ausgezeichnet. Großunternehmen müssen in die Entwicklung der

---

[1] Vgl. Abee et al. (2020, S. 1).

[2] Vgl. Kollmann (2020, S. 72); Vgl. Wagner (2018, S. 15 f.).

[3] Vgl. Kreutzer et al. (2017, S. 3).

© Der/die Autor(en), exklusiv lizenziert an Springer Fachmedien Wiesbaden GmbH, ein Teil von Springer Nature 2023
S. Georg et al., *Anwendung des Lean-Change-Management-Approachs in Zeiten der digitalen Transformation*, essentials,
https://doi.org/10.1007/978-3-658-42266-0_1

Mitarbeiter investieren, indem diese für die Anwendung von digitalen Applikationen geschult werden.[4] Der Change-Manager als Führungskraft hat zum Ziel, eine Analyse durchzuführen, welche Aufgaben durch selbstlernende Software, künstliche Intelligenz u. a., übernommen werden können, um die Beteiligten zu entlasten.[5]

Die Digitalisierung zeigt Unternehmen konkrete Handlungsmöglichkeiten auf, um die unternehmensseitigen Fähigkeiten, Ressourcen, Verfahrensweisen und Geschäftsmodelle gemäß der digitalen Transformation anzupassen.[6] Im Zuge der Digitalisierung wird demnach auch das *Innovators Dilemma* als Konzept verstanden, das beschreibt, dass Unternehmen, die bisher an veralteten strategischen Geschäftsmodellen festhalten, die digitale Transformation als Potenzial nicht als solches wahrnehmen. Auf der anderen Seite sind es vor allem Start-ups, die agil auf die Digitalisierung antworten, um somit den Markt und zuletzt auch sich selbst zu revolutionieren.[7] Scheer betont, dass Unternehmen, die nicht aktiv das unternehmerische Handeln hinsichtlich der digitalen Transformation anpassen, disruptiert werden können.[8] Dadurch entsteht ein wichtiger Handlungsbedarf vor allem für Großunternehmen. Diese müssen sich den veränderten Marktstrukturen und Regeln der vorherrschenden Wettbewerbsprozesse anpassen, weil vorliegende Wettbewerbssituationen meist nicht zu Innovationen führen – vielmehr ist die Innovation selbst der Treiber des Wandels.[9] Dies hat zur Folge, dass die „Entwicklung von Technologien, Unternehmen und Wettbewerb stets gemeinsam betrachtet werden."[10]

Der technologische Wandel führt zu einem Risikopotenzial für Unternehmen. Gemäß dem Modell des wirtschaftlichen Handelns birgt jedoch auch jedes Risiko eine unternehmerische Chance.[11] Um die digitale Transformation innerhalb eines Großunternehmens erfolgreich zu gestalten, bedarf es einer exakten

---

[4] Vgl. Neeley und Leonardi (2022, o. S.)

[5] Vgl. Creusen et al. (2017, S. 23).

[6] Vgl. Paul und Wollny (2011, S. 79), zitiert nach Ansoff (1965, S. 92); Vgl. Schumpeter (2020, S. 103–106); Vgl. Derr et al. (2021, S. 1); Vgl. Falkenreck (2019, S. 6); Vgl. Banholzer (2018, S. 224); Vgl. PricewaterhouseCoopers LLP (2022, o. S.).

[7] Vgl. Derr et al. (2021, S. 1), zitiert nach Scheer (2020, S. 6); Vgl. Christensen et al. (2011, S. 12–17); Vgl. Freundenthaler-Mayrhofer und Sposato (2017, S. 3–14); Vgl. Ematinger (2018, S. 3).

[8] Vgl. Scheer (2020, S. 4 f.).

[9] Vgl. Münter (2018, S. 150 f.); Vgl. Aengenheyster und Dörr (2019, S. 3); Vgl. Ellis (2021, o. S.).

[10] Derr et al. (2021, S. 4), zitiert nach Münter (2018, S. 150 f.).

[11] Vgl. Kahnemann (2012, S. 312 f.).

Planung durch das Change-Management. Das Change-Management hat zum Ziel, den *Status Quo* (Ausgangspunkt) kritisch zu prüfen, um den angestrebten Zustand zu erreichen.

Um das Change-Management besser verstehen zu können, wird das Konzept im Folgenden grundlegend vorgestellt: Das erste Ziel des Change-Managements ist die Problemfindung. Wo sind Veränderungen sinnvoll? Der Bereich, den es zu verbessern gilt, muss vorab definiert und gefunden werden. Eine Ursachenanalyse der Problematik ist an dieser Stelle besonders hilfreich. Weiterführend bedeutet dies, dass das Change-Management innerhalb einer großen Organisation folgende Ziele fokussiert:[12]

- Gestaltung und Definition der strategischen Zielplanung.
- Vorgehensweise der strategischen Zielplanung.
- Anpassung an die Unternehmensumwelt.
- Fokus auf die Entwicklung eines *Digital Mindsets* aller Mitarbeitenden.[13]

Grundsätzlich ist festzuhalten, dass ein aktiv durchgeführtes Change-Management keinen statischen Unternehmensprozess bildet. Vielmehr ist die aktive Unterstützung der Mitarbeitenden mit ihren Erfahrungen, Vorstellungen und Bedürfnissen das oberste Ziel des Ansatzes.[14] Des Weiteren ist zu beachten, dass das Change-Management einen iterativen Prozess bildet, wodurch letztlich eine schrittweise Veränderung hervorgerufen wird. Ein erfolgreicher Wandel benötigt Zeit. Innerhalb eines Tages wird kein erfolgreiches Change-Management durchgeführt werden können.

Das Change-Management sollte nicht erst zu dem Zeitpunkt durchgeführt werden, an dem das Unternehmen keine Wahl zur aktiven Entscheidung hat.[15] Ferner führt der technologische Fortschritt zum Wandel der vorliegenden Wirtschaftswelt. Unternehmen müssen durch ein aktives Change-Management die Schere zwischen dem stetigen Wandel und der Anpassungsfähigkeit in Echtzeit schließen. Die Integration der Beteiligten und der Technologie in den Change-Prozess sichern die langfristige Marktfähigkeit.[16] Ein hoher Kommunikationsbedarf ist essenziell, denn nur wenn alle Betroffenen und Beteiligten aktiv am Change-Management teilnehmen, kann Erfolg gewährleistet werden.

---

[12] Vgl. Lauer (2019, S. 4).

[13] Vgl. Lauer (2019, S. 4 f.).

[14] Vgl. Lauer (2019, S. 4 f.).

[15] Vgl. Mildenberger (2020, S. 1–3).

[16] Vgl. Wolan (2020, S. 18).

Im Folgenden wird der Begriff des Lean-Change-Managements definiert, das zum Ziel hat, einen Prozess des Wandels ohne Verschwendung von Kapazitäten durchzuführen. Damit sind das Change-Management und das unternehmerische Controlling eng miteinander verbunden. Dieses Buch wird vor allem die praktischen Anwendungsmöglichkeiten priorisieren. Da der Kommunikationsanteil innerhalb eines Change-Prozesses sehr hoch ist, werden relevante Fragenkataloge vorgestellt, die zu Beginn und am Ende des Prozesses angewendet werden. Diese Fragen stellen einen iterativen Prozess dar, da die Fragen bei einem mehrmaligen Durchlauf des Prozesses erneut angewendet werden können. Schlussendlich stellen die Fragenkataloge und die Tools des Lean-Change-Managements einen signifikanten Erfolgsfaktor für die digitale Transformation dar.

Theoretischer Hintergrund des Lean-Change-Managements

2

2.1 Begriffsdefiniton des Lean-Change-Management-Approaches

Das Lean-Change-Management basiert auf der japanischen Management-Philosophie *Lean,* welche zum Ziel hat, wirtschaftliche Prozesse – in Zeiten der Digitalisierung – effizient und ohne Vergeudung von Ressourcen jeglicher Art (wie beispielsweise Zeit, Kosten, Mitarbeitereinsatz, Material etc.) durchzuführen. Die Relevanz des Lean-Managements in der Prozessgestaltung von Unternehmen ist gegeben, weil darüber vergeudungsfreie Prozessfortschritte gewährleistet werden können. Eine intelligente Herangehensweise ist jedoch elementar, um die Vorteile des Lean-Managements nutzen zu können. Der Change-Manager muss dabei eine präzise Methodenauswahl durchführen. *Lean* kombiniert hierbei mehrere Methoden – die in diesem Buch vorgestellt werden – um die ausgewählten Prozesse zu optimieren[1] – dies ist insbesondere hinsichtlich der digitalen Transformation von Geschäftsbereichen relevant.

Lean stellt aber nicht nur eine Summation von Methoden zur effizienten Prozessgestaltung dar, sondern vielmehr kann *Lean* als eine Unternehmensstrategie, die mit der gelebten Kultur einhergeht, verstanden werden. Ohne eine leitende Unternehmensstrategie, die auf einen verschwendungsfreien Transformationsprozess ausgerichtet ist, kann das Lean-Management nur bedingt Anwendung finden. Weiterhin ist die Denkweise (Digital-Mindset) aller Beteiligten von signifikanter

---

[1] Vgl. Bertagnolli (2018, S. 3–6); Vgl. Künzel (2016, S. 7–9); Vgl. Zollondz (2013, S. 5 f.); Vgl. Maurya (2013, S. XIX).

Bedeutung, um erfolgreich Prozesse zu gestalten und umzusetzen. Das Lean-Change-Management hat zum Ziel, durch das Digital-Mindset ein Umdenken auf der Mitarbeiter- und Führungsebene herbeizuführen.[2]

Ein weiterer praktischer Ursprung des Lean-Managements stammt von der sogenannten Lean-Startup-Methodik, bei welcher ein Startup mittels ressourcensparender Methoden, wie beispielsweise Feedback-Loops und Iterationsprozesse, skaliert wird. Diese Methodik hat zum Ziel, dass jeder Prozessschritt validiert wird, indem Kundenbefragungen mittels Hypothesentests durchgeführt werden.[3] Gemäß des *Deutschen Startup Monitors (DSM), dem Bundesverband Deutsche Startups e. V.* und der Wirtschaftsprüfungsgesellschaft *PricewaterhouseCoopers* hat sich die Startup-Branche in Deutschland wieder auf ein gutes bis sehr gutes Niveau eingestellt – im Vergleich zu Pandemiezeiten. Bei der Studie wurden über 2000 Startups betrachtet.[4] Rund 80 bis 90 % aller Startups scheitern aufgrund dessen, dass Produkte oder Dienstleistungen angeboten werden, die kaum oder gar nicht nachgefragt werden. Umso mehr ist ein iterativer Prozess essenziell, um Vergeudungspotenziale von Ressourcen zu identifizieren und diese zu vermeiden, wie es das unternehmerische Controlling fordert. Dahingehend, dass die Unternehmensumwelt keinen statischen, sondern dynamischen Externalitäten unterliegt, ist eine Validierung der Prozessschritte von signifikanter Bedeutung.[5] Ferner ist es für den Lean-Prozess von hoher Bedeutung, jeden Prozessschritt mit einer Erfolgsmessung zu validieren, um eine etwaige Iteration durchzuführen oder nicht.[6] Diese Metriken, die für Lean-Startups zur Messung des Prozessfortschritts genutzt werden, können auch für Großunternehmen Anwendung finden. Das Change-Management versteht sich als ein interner Startup-Mechanismus innerhalb einer großen Organisation, um die notwendige Innovationskraft zu schaffen, die nötig ist, um eine digitale Transformation erfolgreich durchzuführen. In Abschn. 3.3.7 wird das Change-Controlling vorgestellt, welches zur Messung der durchgeführten Maßnahmen relevant ist. Vorab lassen sich jedoch folgende Aspekte definieren, die für die Messung eines Lean-Change-Prozesses wichtig sind:

- Eine gute Metrik (später auch Kennzahl genannt) ist vergleichend.

---

[2] Vgl. Bertagnolli (2018, S. 3–6).
[3] Vgl. Klein (2013, S. 1–6); Vgl. Maurya (2013, S. 4).
[4] Vgl. PricewaterhouseCoopers (2021, o. S.).
[5] Vgl. Ries (2011, S. 6–9); Vgl. Maurya (2016, S. 6–17); Vgl. Gründerpilot (2022, o. S.).
[6] Vgl. Croll und Yoskovitz (2013, S. 4).

Abb. 2.1 Der Lean-Change-Management-Approach. (Quelle: Eigene Darstellung)

- Eine gute Metrik betrachtet statische und dynamische Entwicklungen gleichermaßen, um gesicherte, risikoreduzierte Aussagen treffen zu können.
- Eine gute Metrik ist leicht verständlich und bedarf keiner exorbitanten Kommunikation.
- Eine gute Metrik stellt ein Verhältnis oder eine Rate dar.
- Eine gute Metrik verändert das Handeln der Betrachter.
- Verhältniskennzahlen sind von Natur aus vergleichend.
- Verhältniskennzahlen sind einfacher zu beeinflussen.[7]

Der Lean-Change-Management-Approach wird einerseits durch ein Kommunikationsmedium – im Sinne von Fragenkatalogen – und andererseits durch die Anwendung von sieben praktischen Tools durchgeführt. In Abschn 2.2 werden die möglichen Anwendungsmöglichkeiten aufgezeigt, bei denen der Lean-Change-Management-Approach zur Geltung kommt. Abb. 2.1 verdeutlicht die Roadmap des Lean-Change-Management-Approachs.

2.2   Anwendungsmöglichkeiten

Der Lean-Change-Management-Approach lässt sich für sämtliche Digitalisierungsvorhaben einsetzen. Solche können zum Beispiel die Einführung einer neuen Software, IT-Infrastruktur und Ausstattung sowie die digitale Kompetenz der Mitarbeitenden sein. Die Digitalisierung betrifft als sogenannte Adressatengruppen die Organisation, die Kommunikation, die Technologie, die Netzwerkarchitektur, die Produktion und zuletzt die Datenstruktur des jeweiligen Großunternehmens. Die Autorschaft bezieht sich bewusst auf digitale Transformation in Großunternehmen, da dort ein intensives Projektmanagement essenziell ist, um den Digitalisierungsprozess erfolgreich hinsichtlich der Zeitvorgaben abzuschließen.

---

[7] Vgl. Croll und Yoskovitz (2013, S. 9 f.); Vgl. Georg et al. (2020, S. 71).

Hierbei sind insbesondere die Kommunikationsschleifen und deren Herausforderungen zu beachten, weil kleinere Teams, ähnlich wie bei Startups, eher die Ausnahme sind. Der Lean-Change-Management-Approach ist so aufgebaut, dass sämtliche Adressatengruppen und Stakeholder angesprochen werden können, um ein umfassendes Verständnis für den Prozess zu generieren. Des Weiteren kann der Lean-Change-Management-Approach für diverse Unternehmen, unabhängig von der Branche, angewendet werden. Voraussetzung für die erfolgreiche Anwendung ist die Aufstellung eines geschulten Change-Teams sowie die Definition der Adressatengruppen als auch Stakeholder. Ferner muss das Transformationsprojekt klar definiert sein, sodass eine gezielte Vorgehensweise über die Tools hinweg gewährleistet werden kann. Folgende Aspekte sind schlussendlich zu beachten:

- Diversität der Teamstruktur für maximale Perspektivenanzahl.
- Offenheit für den Transformationsprozess durch ein Digital-Mindset.
- Realisierungsrisiko durch iterative Prozesse und Tools minimieren,[8] beispielsweise durch Design Thinking, Transformation Canvas und Scrum.

---

[8] Vgl. Ries (2011, S. 6–9); Vgl. Maurya (2016, S. 6–17).

Analyse und praktische Relevanz des Lean-Change-Management-Approachs

3

3.1 Methodisches Vorgehen

Um die praktische Relevanz des Lean-Change-Management-Approachs zu verdeutlichen, wird das methodische Vorgehen dieses Buches vorgestellt. Der wissenschaftliche Kontext ist wichtig, um daraus praxisorientierte Handlungsempfehlungen abzuleiten. Zuerst wird der strukturelle Aufbau des Ansatzes erörtert. Daraufhin folgt die Erläuterung zu den bereits aufgezeigten Inhalten. Ferner wird die kongruente Reihenfolge der sieben Tools vorgestellt, die je nach Bedarf durch eine Priorisierung des durchführenden Change-Teams, in Abhängigkeit der Transformationsprojekte, abgeändert werden kann. Zuletzt erfolgt eine hinreichende Beurteilung bezüglich der Priorisierung als auch der praktischen Relevanz der Tools, da einige Tools einen erhöhten Kommunikationsbedarf aufweisen – wohingegen andere Tools statische und konkrete Fakten festhalten, die für die Entscheidungsfindung wichtig sind. Um der Praxisorientierung gerecht zu werden, erfolgt für jedes Tool eine Beispielanwendung mittels eines frei erfundenen Change-Vorhabens.

3.2 Aufbau und Vorgehensweise des Lean-Change-Management-Approachs

3.2.1 Grundlagenbetrachtung

Aufgrund der sich wandelnden Unternehmensumwelt bedarf es einer Organisationsveränderung.[1] Das 8-Stufen-Modell nach Kotter wurde in diesem Buch um eine weitere Stufe erweitert, wodurch das Modell als ein Rahmenkonzept des

---

[1] Vgl. Kotter (2013, S. 1 f.).

© Der/die Autor(en), exklusiv lizenziert an Springer Fachmedien Wiesbaden GmbH, ein Teil von Springer Nature 2023
S. Georg et al., *Anwendung des Lean-Change-Management-Approachs in Zeiten der digitalen Transformation*, essentials,
https://doi.org/10.1007/978-3-658-42266-0_3

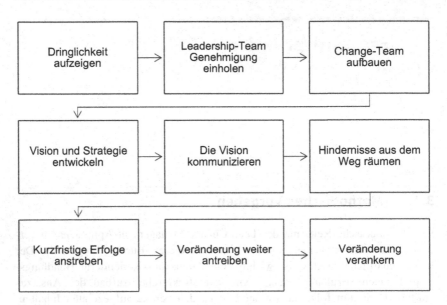

Abb. 3.1 Erweiterung von Kotters 8-Stufen-Modell als Transformationsprozess. (Quelle: Eigene Darstellung in Anlehnung an Siebert (2006, S. 140); Kotter (1996, S. 21))

unternehmerischen Transformationsprozesses verstanden wird.[2] Abb. 3.1 zeigt die neun aufeinanderfolgenden Schritte eines Transformationsprozesses:

Der theoretische Hintergrund des Lean-Change-Management-Approachs basiert unter anderem auf Kotters 8-Stufen-Modell des unternehmerischen Wandels. Die in Abb. 3.1 aufgezeigten Schritte, um einen Change-Prozess durchzuführen, sind für das grundlegende Verständnis des Lean-Change-Management-Approachs relevant, da durch Kommunikation eine Veränderung in der Organisationsstruktur fest verankert werden soll. Im ersten Schritt wird die Dringlichkeit des Transformationsprojekts verdeutlicht, sodass ex ante potenzielle Probleme erkannt werden können. Darauffolgend muss eine Genehmigung durch das Leadership-Team erfolgen, denn die Projektkommunikation erfolgt letztlich durch die Projektleitung. Das Leadership-Team in Großunternehmen verteilt somit die Projektaufgaben und das Budget auf diverse Teams. Die verantwortliche Change-Führungskraft hat somit konkrete Handlungsanweisungen. Daraufhin folgt der Aufbau eines Change-Teams, welches für das Projekt verantwortlich ist. Ferner

---

[2] Vgl. Siebert (2006, S. 139), zitiert nach Kieser et al. (1998, S. 106 f.).

werden die grundsätzliche Strategie des Transformationsprojekts festgelegt und die Vision an die Teammitglieder kommuniziert. Durch das Beseitigen von Hindernissen sollen kurzfristige Erfolge generiert werden, um den Change-Prozess als iterativen Prozess zu gestalten, um dem Team den positiven Einfluss auf das Unternehmen und letztlich auf sie selbst aufzuzeigen. Aufbauend auf den bisherigen Erkenntnissen erfolgt eine nachhaltige Verankerung der Veränderung, die das Unternehmen verbessern soll. Die nachhaltige Verankerung wird auch als neuer Standard für Verhaltensweisen und ein verbessertes Leistungsniveau verstanden.[3]

In den folgenden Kapiteln werden die einzelnen Bestandteile des Lean-Change-Management-Approachs vorgestellt. Zuerst erfolgt die Durchführung des Fragenkatalogs, um die Zuständigkeiten und den Status Quo zu definieren. Daraufhin folgt die kongruente Reihenfolge der Tools, die durch eine folgende Priorisierung angepasst werden können. Zuletzt wird erneut der Fragenkatalog zur Validierung des Change-Prozesses durchgeführt. Dieser dialogorientierte Ansatz richtet sich insbesondere an Change-Manager in der Praxis.

Da ein Lean-Prozess ein iteratives Vorgehen bildet, ist die Kommunikation besonders relevant, denn mit jedem Iterationsschritt steigt der Kommunikationsbedarf. Eine systematische Projektkommunikation gilt als essenziell für den Projekterfolg.[4] Die Kommunikationsmodelle im Sinne der Fragenkataloge stellen eine entscheidende Erfolgsmessung des Transformationsprojekts dar.[5] Summa Summarum ist demnach ein umfangreiches, zielgruppenorientiertes Kommunikationskonzept wichtig. Das Kommunikationsaufkommen ist in der Planungsphase – zu Beginn des ersten Fragenkatalogs – am höchsten.[6] Der Lean-Change-Management-Approach hat zum Ziel, durch kooperative Kommunikationsmaßnahmen die Betroffenen des Wandels zu Beteiligten zu machen. Folgende Vorteile können durch die kooperative Kommunikationsform generiert werden:

- Durch das Mitwirken wird das Projektergebnis seltener von Seiten der Betroffenen abgelehnt. Hierdurch entsteht der IKEA-Effekt, der besagt, dass eigens durchgeführte Projekte eine höhere Wertschätzung erhalten.[7]

---

[3] Vgl. Koßmann und Schmidt (2009, S. 15 ff.); Vgl. Kotter (1996, S. 20 ff.); Vgl. Kuhnert und Teuber (2008, S. 3 ff.).

[4] Vgl. Brettschneider und Müller (2020, S. 2).

[5] Vgl. Ries (2011, S. 6–9); Vgl. Maurya (2016, S. 6–17); Vgl. Croll und Yoskovitz (2013, S. 4).

[6] Vgl. Brettschneider und Müller (2020, S. 27).

[7] Vgl. Norton et al. (2011, S. 1–34).

Tab. 3.1 Praxisbeispiel Zuständigkeits-Fragenkatalog

Fragen bezogen auf die Zuständigkeiten	Checkbox
Wer führt den Lean-Change-Management-Approach durch?	✓
Wer sind die Stakeholder?	✓
Was soll mit welchem Tool erreicht werden?	✓
Wann soll das Ergebnis erreicht werden?	✓
Wie lange darf die Durchführung dauern?	✓
Wer führt die Befragungen durch?	✓
Wer sind die konkreten Ansprechpartner auf Seiten des Change-Teams und Stakeholdergruppen?	✓
Wie verlaufen die Entscheidungsprozesse?	✓

Quelle: Eigene Darstellung

- Bildung eines besseren Verständnisses für das Change-Vorhaben und dessen Notwendigkeit.
- Erhöhung von Erfolgspotenzialen durch neue Gesichtspunkte, die durch die kooperative Kommunikation entstehen.[8]

3.2.2 Durchführung des Fragenkatalogs (ex ante)

Die bilaterale Projektkommunikation ist Voraussetzung zur Durchführung des Fragenkatalogs. Folgender Fragenkatalog definiert die Zuständigkeiten eines Change-Projekts und ist vorab zu beantworten. Auf der linken Seite der Tabelle sind die möglichen Fragen definiert. Auf der rechten Seite befindet sich eine *Checkbox,* die die Beantwortung der Fragen bestätigen soll. Hierdurch ist die praktische Relevanz gewährleistet:

Nachdem mit den Fragen aus Tab. 3.1 die wesentlichen Zuständigkeiten geklärt sind, ist der folgende Fragenkatalog für das Transformationsprojekt entscheidend. Vorab muss jedoch die Genehmigung des Leadership-Teams zum Change-Projekt-Start erfolgen, um den Fragenkatalog (Tab. 3.2) anzuwenden. Hierbei liegt der Fokus auf den projektspezifischen Anforderungen, wonach die Fragen definiert sind:

---

[8] Vgl. Bohinc (2014, S. 108).

Tab. 3.2 Projektbezogener Fragenkatalog (ex ante)

Fragen bezogen auf den Start des Change-Projekts	Checkbox
Welche konkreten Ziele und Mehrwerte möchten erreicht werden?	✓
Wie ist der aktuelle Ist-Zustand?	✓
Wie soll das Ziel in Abhängigkeit von den Vorstellungen erreicht werden?	✓
Wurden alle Beteiligten motiviert, den Nutzen des Ziels zu erkennen?	✓
Wurden spartenübergreifend Kommunikationsmaßnahmen zum Vorhaben durchgeführt?	✓
Wurde allen Beteiligten erklärt, dass Menschen und Technologie gleichwertige Partner sind?	✓
Wurde den Beteiligten erklärt, dass die Technologie die Arbeit erleichtern soll?	✓

Quelle: Eigene Darstellung

Besonders der Aspekt der Disruption ist zu beachten, da viele Beteiligte befürchten, dass durch den Einsatz von Technologie der eigene Arbeitsplatz ersetzt werden könnte. Eine international angelegte Studie des *PwC*-Netzwerks kommt zu dem Fazit, das 39 % der Arbeitnehmer den Wegfall des Jobs befürchten. Die Hälfte der Befragten schaut jedoch optimistisch in die Zukunft. Eine weitere Studie von *PwC* verzeichnet das Ergebnis, dass 70 % der Befragten davon überzeugt sind, dass die Technologien das alltägliche Arbeiten verbessern werden.[9] Insbesondere der Blickpunkt der gleichwertigen Partnerschaft zwischen Menschen und Technologie ist von exponierter Bedeutung. Die Projektkommunikation ist ein wichtiger Bestandteil des eigentlichen Change-Projekts. Nicht nur die sachliche Ebene, sondern auch die emotionale Ebene werden durch die aktive Kommunikation gefördert.[10] Der durchführende Change-Manager hat zum Ziel, die Kommunikationsmaßnahmen akribisch in den Change-Prozess einzuplanen. Eine definierte Aufgabenaufteilung, konsistente Zuordnung von Zuständigkeiten und Vorgaben sowie Zielsetzungen für alle Beteiligten des Change-Projekts sind Voraussetzungen für den Projekterfolg. Die Projektkommunikation bildet die Rahmenbedingungen für die konstruktive und kooperative Lösungsfindung.[11]

---

[9] Vgl. ZEIT ONLINE (2021, o. S); Vgl. PricewaterhouseCoopers GmbH WPG (2019, o. S, 2021b, o. S).

[10] Vgl. Morozzi (2018, S. 15).

[11] Vgl. Morozzi (2018, S. 15 f.).

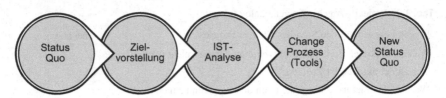

Abb. 3.2 Die schematische Roadmap des Lean-Change-Management-Approachs. (Quelle: Eigene Darstellung)

Da Großunternehmen auf die Digitalisierung mit der internen digitalen Transformation von Prozessen und strukturellen Aspekten reagieren müssen, ist die Projektkommunikation von signifikanter Bedeutung.[12] Die Fragenkataloge, die in Tab. 3.1 und 3.2 dargestellt wurden, gelten als optimale Grundlage zur erfolgreichen Projektkommunikation. Durch die wiederholte Anwendung der Fragenkataloge ergibt sich ein Iterationsprozess, indem die Befragung mittels der Kataloge erneut durchgeführt wird, bis ein zufriedenstellendes Ergebnis erzielt wird. Dadurch entsteht eine Akkumulierbarkeit von Wissen, welche beschreibt, inwiefern prozessuales Wissen durch mehrmalige Durchführung entsteht.[13] Dieses Wissen ist für die erneute Befragung relevant und dient als neuer Ist-Zustand. Dieser wird mittels einer Analyse zusammengefasst, die zum Ziel hat, die Ergebnisse der durchgeführten Befragungen auszuwerten. Daraufhin folgt die Anwendung der Change-Tools, die dem Lean-Change-Management-Approach zu Grunde liegen. Das Ergebnis wird durch den Fragenkatalog, der nach der Anwendung der Tools angewendet wird, validiert. Schlussendlich entsteht durch den Projekterfolg der *New-Status-Quo*. Nachfolgende Abb. 3.2 zeigt die schematische Roadmap des Lean-Change-Management-Approachs:

3.2.3 Anwendung der Lean-Change-Tools

Die Anwendung der Lean-Change-Tools erfolgt in kongruenter Reihenfolge, insofern keine Priorisierung durchgeführt wird. Eine Priorisierung ist immer dann sinnvoll, wenn Zeit ein wesentlicher Faktor des Projekts ist. Dies bedeutet beispielsweise, dass in gewissen Change-Projekten der Design-Thinking-Prozess zu

---

[12] Vgl. Münter (2018, S. 150 f.); Vgl. Aengenheyster und Dörr (2019, S. 3); Vgl. Derr et al. (2020, S. 3 f.); Vgl. Ellis (2021, o. S).

[13] Vgl. Münter (2018, S. 156).

zeitaufwendig ist, weswegen eine Priorisierung für das Transformation Canvas durchgeführt werden könnte, um gute Ergebnisse in kurzer Zeit zu erzielen. Die Tools

- Design-Thinking-Prozess,
- Agiles Change-Management,
- SCARF-Modell und
- Transformation Canvas

können als sogenannte dynamische Betrachtungs- und Erarbeitungsweisen verstanden werden, da keine statischen, konkreten und unabdinglichen Vorgehensweisen die Regel darstellen. Die Tools

- Feedback-Loop,
- Hypothesentests und
- das Change-Controlling

können hingegen als statische Betrachtungs- und Erarbeitungsweisen klassifiziert werden, da konkrete Vorgehensweisen vorliegen. Die statischen und dynamischen Ansätze unterstützen sich wechselseitig.[14]

Die Komplexität eines Change-Projekts kann je nach Situationsabhängigkeit unterschiedlich sein. Demzufolge ist es wichtig, statische und dynamische Prüf- respektive Kontrollmechanismen einzusetzen.[15] Insbesondere Hypothesentests und das Change-Controlling sind solche Mechanismen. Durch den Einsatz der statischen und dynamischen Tools können das Projektrisiko und die Wahrscheinlichkeit für einen Misserfolg signifikant reduziert werden.[16] Change-Projekte beherbergen jedoch immer ein Maß an Unsicherheit, denn es liegen ex ante keine messbaren Wahrscheinlichkeiten vor.[17] Durch die kongruente Reihenfolge ist es jedoch möglich – unter Unsicherheit, begründet durch die digitale Transformation – positive Change-Projekt-Ergebnisse zu erzielen.

---

[14] Vgl. Heche (2004, S. 11–14).
[15] Vgl. Jenny (2021, S. 297).
[16] Vgl. Georg et al. (2020, S. 3 f.).
[17] Vgl. Münter (2018, S. 93); Vgl. Georg et al. (2020, S. 4); Vgl. Hirth (2017, S. 7 f.).

3.2.4 Durchführung des Validierungs-Fragenkatalogs (ex post)

Nachdem die Tools durchgeführt wurden, ist es für das iterative Vorgehen und die Validierung wichtig, einen erneuten Fragenkatalog anzuwenden. Im Falle dessen, dass Diskrepanzen bei der Beantwortung der Fragen aufkommen, ist es an dieser Stelle sinnvoll, einen Iterationsschritt durchzuführen, indem bestimmte Tools erneut angewendet werden, bis alle Diskrepanzen geklärt sind. Weiterhin ist die Art der Diskrepanz relevant, denn hierdurch können relevante *Learnings* für das Change-Team gewonnen werden. Folgender Fragenkatalog ist laut Tab. 3.3 final zu beantworten, um das Change-Projekt zu evaluieren:

Der Change-Manager hat zum Ziel, die Ergebnisse des Fragenkatalogs hinreichend zu analysieren, um klare Rückschlüsse zum Change-Projekt ziehen zu können. Sind alle Stakeholder-Gruppen (wie z. B. Mandanten, Kunden, Abteilungen im Unternehmen, Betroffene des Change-Vorhabens, Mitarbeiter, Führungskräfte sowie das Change-Team) aufgrund der Ergebnisse des Projekts zufrieden, dann kann der Lean-Change-Management-Approach als *erfolgreich* klassifiziert werden. Ein erfolgreicher und bestehender Wandel ist hierbei wichtig.

Tab. 3.3 Projektbezogener Fragenkatalog (ex post)

Fragen bezogen auf das Ende des Change-Projekts	Checkbox
Welche konkreten Ziele und Mehrwerte wurden erreicht?	√
Wie war der Ist-Zustand? Wurde der Soll-Zustand erreicht?	√
Wurde das Ziel in Abhängigkeit der Projektanforderungen erreicht?	√
Wurden alle Beteiligte motiviert, den Nutzen des Ziels zu erkennen?	√
Wurden spartenübergreifend Kommunikationsmaßnahmen zum Vorhaben durchgeführt?	√
Wurde allen Beteiligten erläutert, dass Menschen und Technologie gleichwertige Partner sind? Wurde verstanden, weshalb das Change-Projekt bedeutend ist?	√
Wurde den Beteiligten erläutert, dass die Technologie die Arbeit erleichtern soll?	√
Gab es bei der Durchführung des Projekts Probleme? Wenn ja, welche?	√
Welche Learnings konnten generiert werden, die auch für Folgeprojekte relevant sein könnten?	√
Gab es bei der Durchführung des Projekts besonders positive Erfahrungen?	√

Quelle: Eigene Darstellung

Falls nicht, ergibt sich die Möglichkeit der Iteration und die erneute Anwendung ausgewählter Tools, die dann mit dem Fragenkatalog aus Tab. 3.3 evaluiert werden. Durch die Iteration wird die Finalisierung des Change-Projekts erreicht.

3.3 Vorstellung der Lean-Change-Tools in kongruenter Reihenfolge

3.3.1 Design-Thinking-Prozess

Das *Design-Thinking* verfolgt das Ziel, für bestehende Probleme neue Lösungswege zu entwickeln (Prozessverbesserung). Die Orientierung der Problemlösung ist hierbei an die Adressaten des Change-Projekts ausgerichtet, denn diese sind der tatsächliche Endnutzer, beispielsweise bei der Einführung einer neuen Software. Der Prozess des *Design-Thinking* ist klar strukturiert und iterativ. Das Change-Team und die Adressaten sollten für bestmögliche Ergebnisse in den *Design-Thinking-Prozess* involviert sein.[18] Neben Experimentierfreude und Kooperationsfähigkeit spielt das integrative Denken eine wichtige Rolle. Die Anwender sollten die Prozesse, IT-Produkte und die Systemarchitektur des Unternehmens verstehen, um Fehler sowie Lösungen zu identifizieren.[19] Nachstehende Abb. 3.3 zeigt den systematischen Design-Thinking-Prozess auf:

Der Prozess wird in Kooperation von dem Change-Team und den Adressatengruppen durchgeführt. Es sind keine zwingenden Vorlagen oder *Templates* einzuhalten. Der Prozess kann auf Karteikarten, auf einem Chart, mittels Softwarelösungen wie beispielsweise *Mural* und weiteren Applikationen angewendet werden. Im Folgenden werden die einzelnen Bestandteile des *Design-Thinking-Prozesses* erörtert:

- *Verstehen:* Den Kern bildet die Verständnisentwicklung für das Problem mit dem Ziel, dass das Team an einem Strang zieht. Ein tiefes Verständnis über das Problem muss an dieser Stelle erzeugt werden. Anschließende detaillierte Fragestellung zu den Herausforderungen des Change-Projekts sollen im Team konkretisiert werden.

---

[18] Vgl. Schallmo (2017, S. 14–17); Vgl. PricewaterhouseCoopers (2019, o. S); Vgl. Gerstbach und Gerstbach (2020, S. 1–10); Vgl. Liedtka (2018, o. S); Vgl. Kolko (2015, S. 66–71).
[19] Vgl. Schallmo (2017, S. 14–17).

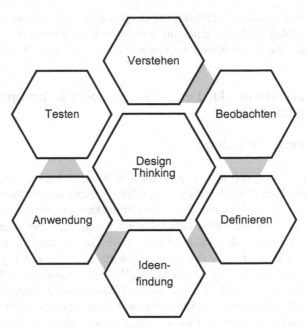

Abb. 3.3 Der Design-Thinking-Prozess. (Quelle: Eigene Darstellung, in Anlehnung an Schallmo (2017, S. 18); Liedtka (2018, o. S))

- *Beobachten:* Weitere Erkenntnisgewinnung über das Change-Projekt durch Beobachtung, Befragung und Interaktion mit den Stakeholdergruppen wird angestrebt, um einen Top-down und Bottom-up-Ansatz[20] zu kreieren.
- *Definieren:* Die Erstellung einer Gesamtübersicht durch *Storytelling* der Teammitglieder hinsichtlich der Change-Maßnahme steht im Mittelpunkt. Eine freie Gestaltungsvorgabe der Gesamtübersicht durch *Sketching* wird angestrebt. *Sketching* hat zum Ziel, dass alle Adressaten denselben Wissensstand erlangen, wodurch der erste Iterationsprozess entsteht, falls Diskrepanzen des definierten Ziels auftreten.
- *Ideenfindung:* Es existiert keine Vorgabe, um die Lösungsfindung zu definieren. *Brainstorming* im Team und in allen Stakeholdergruppen hinsichtlich der Change-Zielvorgabe, die das Change-Team definiert hat, wird empfohlen. Eine

---

[20] *Top-down und Bottom-up-Ansatz: Entgegengesetzte Abbildung von Wirkrichtungen bei Prozessen, um ein möglichst reales Abbild zu erzeugen.*

Priorisierung der relevantesten Ideen, die an den Anforderungen der Endnutzer ausgerichtet sind, folgt.

- *Anwendung:* Die Anwendung hat zum Ziel, realistische Erkenntnisse und Feedback der Stakeholder zu gewinnen, wodurch die Ideen erst validiert oder im Folgeschritt verworfen werden. Die Anwendung stellt den nächsten Iterationsschritt dar.
- *Testen:* Auf Grundlage der Anwendung sollten intensive Kommunikationsmaßnahmen erfolgen, um Anhaltspunkte für Verbesserung oder Alternativen zu gewinnen. Der Problemlösungsprozess wird so lange iteriert, bis eine nutzerorientierte Lösung gefunden wird.[21]

Um den Erfolg des Design-Thinking-Prozesses gewährleisten zu können, ist die Kenntnis über bestimmte Erfolgsfaktoren essenziell. Neben der allgemeinen Wirtschaftlichkeitsbetrachtung und der technischen Machbarkeit stehen die Probleme und Bedürfnisse des Nutzers im Mittelpunkt. *Design-Thinking* hat zum Ziel, eine Betrachtung des nutzerorientierten Ansatzes zu verfolgen, da technische Lösungen einzeln betrachtet, ohne den Einsatz von Nutzern nur geringe Potenziale bieten.[22] Folgende Aspekte sind für die erfolgreiche Anwendung des Tools elementar:

- Zeitplanung und Prozess mehrmals durchlaufen.
- *Open Mindset* für Innovationen schaffen.
- Kommunikation hat höchste Priorität während des gesamten Prozesses.
- Eine an dem Nutzer und Stakeholdergruppe orientierte Herangehensweise wählen.
- Die Design-Methode bereits zu Beginn des Change-Prozess verwenden.
- Nachhaltige, realistische Budgetplanung.
- Multidisziplinäres und diverses Team für bestmögliche Ergebnisse. Eine Studie von *McKinsey* belegt, dass Diversität in Teams den Umsatz um 35 % steigen lässt.[23]

Schlussendlich sind die grundlegenden Erfolgsfaktoren die Kommunikation sowie der Einsatz von multidisziplinären und diversen Teams, da diese die strukturellen Bedingungen begünstigen. Insbesondere bei Großunternehmen ist der Aspekt der Diversität von hoher Bedeutung, denn ein hoher Grad an Diversität führt zu einer

---

[21] Vgl. Freundenthaler-Mayrhofer und Sposato (2017, S. 249–260).

[22] Vgl. Eschberger-Friedl (2019, o. S.).

[23] Vgl. Rock und Grant (2016, o. S.).

Abb. 3.4 Erfolgsfaktoren
des Design-Thinking.
(Quelle: Eigene
Darstellung, in Anlehnung
an Hasso-Plattner-Institut
für Digital Engineering
gGmbH (o. J., o. S))

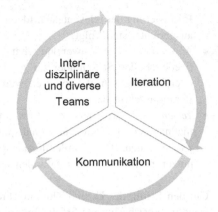

höheren Wahrscheinlichkeit, profitabler zu sein – besonders dann, wenn der Frauenanteil im Top-Management höher ist. Durch objektive Kriterien können so die besten Mitarbeitenden identifiziert werden. Die Interaktionen diverser Ansichten führt zu einer höheren Erkenntnisgewinnung.[24] Ferner ist der iterative Prozess essenziell, da der *Design-Thinking-Prozess* mehrmals durchlaufen werden sollte. Die folgende Abb. 3.4 verdeutlicht den Zusammenhang:

3.3.2 Agiles Change-Management

Das Agile Change-Management wird auch als *Scrum* bezeichnet; in der Folge wird der Terminus Scrum bevorzugt verwendet. Scrum ist ursprünglich aus der Softwarenentwicklung entstanden, bei der ein hohes Problemaufkommen mit agilen Methoden gelöst werden sollte.[25] Scrum hat als agile Methodik zum Ziel, die Effizienz zu steigern, indem der Einsatz von Personal sowie der Kostenaufwand effektiv gestaltet werden. Das Scrum-Konzept wird ebenfalls von Tech-Riesen wie *Amazon* und *Google* verwendet, um strukturelle Veränderungen anzutreiben. Scrum ist besonders dann gefragt, wenn komplexe Projekte, die ex ante nur schwer planbar sind, auftreten – vor allem in Zeiten der digitalen Transformation, bei welcher das Endergebnis auf Grund der rapiden Veränderung ungewiss ist. Aus diesem Grund wird die Zielsetzung verfolgt, maximale Flexibilität zu schaffen. Somit ist Scrum ein iteratives Rahmenkonstrukt zur

---

[24] Vgl. McKinsey & Company (2018, o. S); Vgl. Van Dick und Stegmann (2016, S. 3 ff.).
[25] Vgl. Maximini (2013, S. 15); Vgl. Kaiser und van Bennekum (2021, S. 21).

Erstellung und Einführung von Produkten respektive Projekten. Scrum hat zum Ziel, einen Lernprozess zu schaffen, der Unsicherheit minimiert und Teamkreativität fördert. Daher kann Scrum als Prüfungs- und Anpassungszyklus verstanden werden. Die starre Planungsverfolgung ist nicht die Zielsetzung – vielmehr werden Change-Prozesse regelmäßig geprüft und angepasst.[26] Grundvoraussetzung für die Anwendung von Scrum bilden die Theorie des *Empirismus*[27,28] und der Ansatz der Scrum-Schritte:

1. *Transparenz:* Das Scrum-Team legt alle Arbeitsschritte offen dar, wodurch transparente Entscheidungen getroffen werden können. Die Schaffung von Informationen steht im Mittelpunkt.
2. *Inspektion:* In diesem Schritt werden die Informationen verarbeitet, wodurch neue Entscheidungen getroffen werden können.
3. *Adaption:* Im letzten Schritt erfolgt die Umsetzung der auf den Informationen basierenden, Entscheidungsfindung. Dies ist der Schritt der aktiven, praktischen Umsetzung.[29]

Scrum ist durch eine agile Arbeitsweise des Change-Teams und der Stakeholdergruppen gekennzeichnet. Dies bedeutet, dass schon zu Beginn des Prozesses eine Integration der Stakeholder erfolgt, um eine kontinuierliche Verbesserungsschleife zu gewährleisten. Das Change-Team kann durch direkte Kommunikation mit den Stakeholdern erfahren, ob das agile Projekt erfolgreich ist oder Schritte verbessert werden müssen. Eine proaktive Einbindung des Change-Teams in den Projektablauf fördert unmittelbar die iterative Zusammenarbeit der Beteiligten. Es erfolgt zwingend eine Orientierung an der Vision, der Struktur, den Prozessen und der Technik des anwendenden Unternehmens. Abb. 3.5 verdeutlicht die *Roadmap*[30] eines Scrum-Prozesses in Abhängigkeit der Zeit (*t*):

Scrum verfügt über diverse Scrum-Rollen, die einer gezielten Kommunikation bedürfen. Folgende Rollen sind innerhalb des Scrum-Prozesses relevant:

---

[26] Vgl. Sutherland (2015, S. 15–27); Vgl. Bright Solutions GmbH (2022, o. S); Vgl. Rigby et al. (2016, o. S).

[27] *Empirie: Erkenntnisse aus einer methodisch-systematischen Ansammlung von Daten.*

[28] Vgl. Kaiser und van Bennekum (2021, S. 40).

[29] Vgl. Kaiser und van Bennekum (2021, S. 40 ff.); Vgl. Bright Solutions GmbH (2022, o. S).

[30] *Roadmap: Kommunikationsmedium, das einen Überblick über einen strategischen Zeitraum verschafft.*

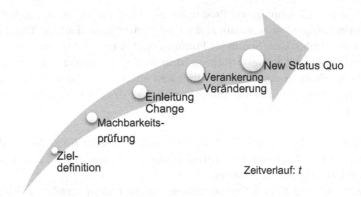

Abb. 3.5   Scrum-Roadmap. (Quelle: Eigene Darstellung)

- *Scrum-Master:* Er stellt die leitende Person des Vorhabens dar. Dies ist in der Regel der betreuende Change-Manager. Das Management hat die Verantwortung über das Projekt und die Projektziele.
- *Scrum-Product-Owner:* Sie ist die Person, die die Verantwortung für das Produkt oder das Projekt hat – beziehungsweise die Verantwortung für die zu entwickelnde Lösung.
- *Scrum-Team:* Das Team hat das Ziel, das jeder *Sprint-Backlog* bearbeitet wird. Weiterhin verantwortet das Scrum-Team die Entwicklungszyklen.[31]

Die Change-Aktivitäten werden als unterschiedliche *Sprints* definiert, die einen iterativen Prozess darstellen, falls die gewünschte, finale Integration der Maßnahme durch den *Scrum-Master* und *Scrum-Product-Owner* abgelehnt wird. Der Change-Manager *(Scrum-Master)* leitet aus den unternehmensspezifischen Anforderungen eine detaillierte Maßnahmenentwicklung und einen Lösungskatalog her. Hierbei erfolgt ein Verzicht auf umfangreiche Konzepte. Ausgehend von den unternehmensabhängigen Anforderungen, werden durch Kommunikationsmaßnahmen die notwendigen Inhalte und die Stakeholdergruppen identifiziert und im *Product-Backlog* (Maßnahmen-Katalog) zusammengefasst. Um diesen Zusammenhang verstehen zu können, müssen die folgenden Steuerungsinstrumente erläutert werden:

---

[31] Vgl. Kaiser und van Bennekum (2021, S. 42 f.); Vgl. Fischbach und Steinbrecher (2020, S. 121 f.).

- *Product-Backlog:* Der Product-Backlog stellt die Anforderungen an das Produkt oder den Prozess dar. Er dient als Informationsquelle, indem er einen langfristigen Plan darstellt, der sämtliche relevante Informationen (beispielsweise Ziele, Pläne, Anforderungen und *User Stories*[32]) beinhaltet. Der Sprint-Backlog und das Produktinkrement sind feste Bestandteile des Product-Backlogs.[33]

- *Sprint:* Ein Sprint ist ein terminiertes Ereignis, das in der Regel nicht länger als ein Kalendermonat dauern sollte. Zu Beginn eines Sprints erfolgt eine Zieldefinition, um die Relevanz für die Stakeholdergruppen zu schaffen. Ein Ziel kann beispielsweise die Verkürzung der Durchlaufzeit von Prozessen durch den Einsatz von neuartiger Software sein. Daraufhin erfolgt eine Definition des zeitlichen Rahmens des Sprints. Ferner wird innerhalb eines Sprints ein Inkrement[34] – ein potenziell fertiges Produkt – entwickelt. Die Sprints können beliebig oft durchgeführt werden, sodass ein finales Produkt oder ein finaler Prozess entsteht. Darüber hinaus dienen die Sprints zur Orientierung über Prozesse.[35]

- *Sprint-Backlog:* Dieses besteht aus einer Liste aller im Product-Backlog hinterlegten Informationen und Elemente, die sich auf die Sprints beziehen. In Praxis stellt dies eine Aufgabenliste dar, die innerhalb des Scrum-Teams bearbeitet wird.[36]

Die vorab aufgezeigten Instrumente verfolgen die Zielsetzung, dass die Zusammenarbeit der Beteiligten effizient erfolgt. Der Arbeitsablauf verläuft in agilen Sprints, die in iterativer Weise zu Feedbackschleifen führen, indem das Produktinkrement zum Test für die Adressaten bereitgestellt wird. Das Ziel lautet, reale *User-Stories* zu generieren, um tatsächliches und praxisnahes Feedback zu übermitteln.[37] Die freie Ausgestaltung des Einsatzes dieses Tools ist enorm wichtig, weil hierdurch keine Beschränkungen hinsichtlich der Kreativität der Anwender vorliegen. Somit kann Scrum in der Praxis mittels Softwarelösungen

---

[32] *User Stories: Informelle Erklärung aus Sicht des Endanwenders.*

[33] Vgl. Bright Solutions GmbH (2022, o. S); Vgl. Malhotra (2020, S. 26); Vgl. Pries und Quigley (2011, S. 34).

[34] *Produktinkrement: Bezeichnet ein potenziell fertiges Produkt oder einen zum Teil anwendbaren Prozess.*

[35] Vgl. Rad und Turley (2020, S. 30–33); Vgl. Bright Solutions GmbH (2022, o. S).

[36] Vgl. Bright Solutions GmbH (2022, o. S); Vgl. Van der Wardt (o. J., o. S).

[37] Vgl. Bright Solutions GmbH (2022, o. S); Vgl. Fischbach und Steinbrecher (2020, S. 121).

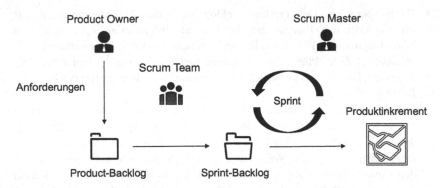

Abb. 3.6 Der Scrum-Prozess als agiles Tool. (Quelle: Eigene Darstellung, in Anlehnung an Bright Solutions GmbH (2022, o. S))

wie z. B. *Excel-Sheets* oder *Mural-Boards*[38] durchgeführt werden. Essenziell für den Erfolg von Scrum ist die Auswahl geeigneter Kommunikationsformate, um für Transparenz zu sorgen, wodurch ein allgemeines Vertrauen geschaffen wird. Des Weiteren wird hierdurch sichergestellt, dass alle Verantwortlichkeiten zugeordnet sind, wodurch ex post Diskrepanzen vermieden werden.[39] Vor allem zu Beginn der Anwendung von Scrum kommt es oft zu Widerständen, die durch eine zielgerichtete Kommunikation beseitigt werden können. Jede Unternehmenskultur ist unterschiedlich, weswegen immer unterschiedliche Anforderungen an die Kommunikation bestehen. Durch den Einsatz der Kommunikation soll auch eine Weiterentwicklung der Werte einer Unternehmenskultur begünstigt werden, um die gelebte Kultur an die Anforderungen der Zeit anzupassen.[40]

Die folgende Abb. 3.6 soll die Vorgehensweise von Scrum verdeutlichen. Alle wesentlichen Rollen und Instrumente, die in diesem Kapitel erläutert wurden, sind Bestandteil der Abbildung:

Um den Erfolg von Scrum validieren zu können, ist es sinnvoll, eine Befragung mittels eines Fragebogens durchzuführen. Tab. 3.4 gibt Aufschluss über einen möglichen Fragebogen, der angewendet werden kann – die Methodik der *Checkbox* ist äquivalent zu den bisherigen *Tabellen*:

Schlussendlich ist Scrum ein praxiserprobtes Tool, um einen Change-Prozess zu begleiten. Projekterkenntnisse werden mit hoher Wahrscheinlichkeit generiert,

---

[38] *Mural-Board: Softwarelösung zum Erarbeiten von Projekten im Team.*
[39] Vgl. Bright Solutions GmbH (2022, o. S).
[40] Vgl. Röpstorff und Wiechmann (2016, S. 23); Vgl. Janke (2015, S. 30).

Tab. 3.4 Scrum-Prozess Fragenkatalog

Fragen bezogen auf den Scrum-Prozess	Checkbox
Welche konkreten Ziele und Mehrwerte konnten erreicht werden?	✓
Liegt eine hohe Akzeptanz der Endanwender vor?	✓
Wie lange dauerten die Sprints tatsächlich?	✓
Wurden alle Beteiligten motiviert, den Nutzen des Ziels zu erkennen?	✓
Wurden spartenübergreifend Kommunikationsmaßnahmen zum Vorhaben durchgeführt?	✓
Gab es Diskrepanzen zwischen dem Scrum-Team und den Stakeholdern?	✓
Konnte ein Produkt- oder Prozessinkrement angeboten werden?	✓

Quelle: Eigene Darstellung

die für weitere Change-Projekte Anwendung finden können. Nichtsdestoweniger ist der Einsatz von weiteren Tools unabdinglich, um die Wahrscheinlichkeit eines Projekterfolgs in signifikanter Weise zu erhöhen.

3.3.3 SCARF-Modell

Das SCARF[41]-Modell inkludiert nutzerzentrierte, emotionale und nicht ökonomische Aspekte, um das Gefühl der Relevanz für die Adressaten des Change-Projekts zu schaffen. Das SCARF-Modell hat zum Ziel, eine integrierte Zusammenarbeit zu schaffen, um bestmögliche Ergebnisse für die Anwendung der Tools zu gewährleisten. Der Hauptadressat dieses Tools ist der Change-Manager. Das SCARF-Modell hat seinen Ursprung in den Neurowissenschaften – insbesondere dem *Neuroleadership*.[42] Rock prägte diesen Begriff initial im Jahr 2006. Im Jahr 2008 entstand hierdurch das SCARF-Modell.[43] Großunternehmen wie *Microsoft, Intel* und *IBM* profitieren von dem Tool in besonderer Weise, indem der Ansatz nachhaltig etabliert wurde.[44] Das Tool hat zum Ziel, das menschliche Gehirn zu

---

[41] *SCARF: Status, Certainty, Autonomy, Relatedness, Fairness.*

[42] *Neuroleadership: Bezeichnet die Anwendung neurowissenschaftlicher Erkenntnisse und Methoden für die Mitarbeiterführung und die Gestaltung einer entsprechenden Arbeitsumwelt (Gabler Wirtschaftslexikon, vgl. Ghadiri o. J.)*

[43] Vgl. Rock und Cox (2012, S. 130); Vgl. Schiefer und Gattner (2019), S. 4 f.).

[44] Vgl. NeuroLeadership Institute (2022, o. S).

aktivieren, indem Bedrohungen minimiert und Belohnungen maximiert werden. Situationen, die demnach als positiv bewertet werden, werden häufiger angestrebt. Besonders für das Change-Management ist dieser Zustand optimal, da soziale Interaktionen gefördert werden, die für die agilen Tools und somit auch für die Durchführung des Lean-Change-Management-Approach relevant sind.[45] Der Change-Manager kann dementsprechend das Change-Team für das jeweilige Change-Projekt vorbereiten, sodass eine persönliche Relevanz geschaffen wird. Dieser Zustand kann durch eine stringente Kommunikationsstrategie, die durch den Change-Manager an alle Beteiligten adressiert ist, erreicht werden. Die konkrete praktische Anwendung erfolgt ergo durch die Kommunikation des Change-Managers. Im Folgenden werden die einzelnen Termini des Modells erläutert:

- *Status:* Der Status verdeutlicht die relative Stellung innerhalb des Change-Projekts. Der soziale Status steht in Verbindung zur Einschätzung der anderen Beteiligten. Je höher der soziale Status, desto höher ist das Engagement, da das Belohnungssystem aktiviert wird – e contrario.[46]
- *Certainty:* Die *Certainty* beschreibt die Vorhersehbarkeit und somit das Gefühl des Wahrscheinlichkeitseintritts von künftigen Situationen innerhalb des Change-Projekts. Dies kann eine relevante Emotion hervorrufen, indem die Vorhersehbarkeit des Projekts bestimmt werden kann. Hierbei sollen Erwartungen transparent durch das Change-Team kommuniziert werden, indem realistische Meilensteine festgelegt werden. Das Belohnungssystem des Gehirns wird aktiviert, sobald Meilensteine erreicht werden.
- *Autonomy:* Autonomy zeigt die Beeinflussung, die Gestaltung und die Kontrolle des eigens empfundenen Umfelds auf. Sie beschreibt die Möglichkeit aller Beteiligten, ihr Umfeld zu beeinflussen und somit Selbstverantwortung zu übernehmen. Je umfassender der Change-Manager den Beteiligten Verantwortung überträgt und je weniger er in Arbeitsprozesse eingreift, desto mehr wird das Belohnungssystem auf Seiten der Beteiligten angesprochen.
- *Relatedness:* Sie beschreibt den Aufbau von Vertrauen innerhalb eines Teams. Durch die Arbeit an einem Change-Projekt entwickelt sich eine Zugehörigkeit, die das Belohnungssystem anspricht. Durch das gegenseitige Vertrauen

---

[45] Vgl. Ghadiri (o. J., o. S); Vgl. Peters und Ghadiri (2011, S. 61); Vgl. Schiefer und Gattner (2019, S. 4 f.); Vgl. Reinhardt et al. (2014, S. 70–73); Vgl. Schweizer (2015, S. 23 f.).
[46] Vgl. Ghadiri (o. J., o. S); Vgl. Schiefer und Gattner (2019, S. 5).

Tab. 3.5   SCARF-Modell Fragenkatalog

Fragen bezogen auf das SCARF-Modell	Checkbox
Konnte ein Gefühl der Relevanz geschaffen werden?	√
Konnte durch die Anwendung von New-Work-Konzepten Vorteile generiert werden?	√
Wie fühlten sich die Beteiligten tatsächlich?	√
Wurden alle Beteiligten motiviert, den Nutzen des Ziels zu erkennen?	√
Wurden spartenübergreifend Kommunikationsmaßnahmen zum Vorhaben durchgeführt?	√
Konnte ein Gefühl der Zugehörigkeit geschaffen werden?	√
Konnte ein integrierter und gerechter Austausch gewährleistet werden?	√

Quelle: Eigene Darstellung

schützen sich die Beteiligten untereinander, wodurch eine effiziente Arbeitsumgebung entstehen kann.[47] Der Change-Manager hat hierbei zum Ziel, durch direkte Kommunikation die Zugehörigkeit zum Team zu stärken.

- *Fairness:* Falls Ungerechtigkeit wahrgenommen wird, führt dies zu einer Ablehnung der Arbeitsweisen. Innerhalb eines Transformationsprojekts entstehen solche Situationen, wenn relevante Angelegenheiten konfus und intransparent sind. Dahingehend ist es von signifikanter Bedeutung, dass der Change-Manager für Transparenz und damit für Vertrauen sorgt.[48]

Um den Praxisbezug herzustellen, müssen die Fragen laut Tab. 3.5 zur Beurteilung des Ergebnisses des SCARF-Modells beantwortet werden. Falls Fragen negativ oder nicht beantwortet werden können, führt dies zu einem Iterationsschritt, der durch den Change-Manager und das Change-Team abzustimmen ist:

---

[47] Vgl. Ghadiri (o. J., o. S); Vgl. Peters und Ghadiri (2011, S. 61 ff.); Vgl. Reinhardt et al. (2019, S. 71–86).
[48] Vgl. Ghadiri (o. J., o. S); Vgl. Peters und Ghadiri (2011, S. 62 f.); Vgl. Reinhardt et al. (2019, S. 85 ff.).

3.3.4 Transformation Canvas

Das Transformation Canvas basiert auf dem *Business Model Canvas*. Das Business Model Canvas beschreibt das Grundprinzip eines Geschäftsmodells. Die neun Bestandteile

- Kundensegmente,
- Wertangebote,
- Kanäle,
- Kundenbeziehungen,
- Einnahmequellen,
- Schlüsselressourcen,
- Schlüsselaktivitäten,
- Schlüsselpartnerschaften und
- Kostenstruktur

werden in diesem Zusammenhang erläutert.[49]

Der Fokus des Lean-Change-Management-Approachs liegt jedoch auf dem Transformation Canvas. Um allen Mitarbeitenden innerhalb eines Großunternehmens die Bedeutung der digitalen Transformation zu verdeutlichen, ist es notwendig, ein Rahmenkonstrukt des Verständnisses zu erschaffen, das ein gemeinsames, übergeordnetes Zielbild verfolgt. Ausgangspunkt für dieses Verständnis ist die Selbsterkenntnis für den Wandel jeder einzelnen beteiligten Person. Ein gemeinsames Gedankenkonstrukt, das bei der Durchführung von Change-Projekten essenziell ist, muss einfach und intuitiv sein.[50]

Das Transformation Canvas dient dazu,

- technologische Entwicklungen,
- Change-Projekte,
- Initiativen und
- strategische Projekte

zur digitalen Transformation effizient und ganzheitlich zu beschreiben. Dieses Makro-Tool schafft einen 360-Grad-Blick auf Herausforderungen in einem Change-Prozess. Die Anwendung des Transformation Canvas in Verbindung

---

[49] Vgl. Osterwalder und Pigneur (2012, S. 18–21).
[50] Vgl. Gudergan et al. (2022, S. 977); Vgl. Lotter (2022, o. S).

mit den übrigen Tools gewährleistet die Beantwortung der grundlegenden Fragen eines Change-Projekts. Folgende Aspekte können durch das Transformation Canvas beschrieben werden:

- *Ideenfindung zu digitalen Transformationsprojekten:* Das Canvas hilft Chancen zu identifizieren. Wo lohnt sich die Automatisierung, respektive Digitalisierung? Wie kann die Transformation durch den Einsatz von Software und digitalem Mindset unterstützt werden?
- *Entwicklung von digitalen Transformationsprojekten:* Das Tool ist ein lebendiges Arbeitsmittel, das ständig kommuniziert und mehrfach durchgeführt werden sollte. Es ist ein dynamisches Begleitinstrument und keine statische Momentaufnahme, da sich Gegebenheiten im Iterationsprozess verändern können.
- *Analyse des Ist-Zustands und des Soll-Zustands:* Hier ist das Canvas vor allem bei similären Change-Ausgangslagen hilfreich, um durch wiederverwendete Best-Practice-Muster höhere Effizienz zu erzeugen.

Die Abb. 3.7 bildet alle Aspekte des Transformation Canvas ab:

Die folgenden Anwendungsszenarien sind für das Tool relevant, um nachhaltige Ergebnisse zu erzielen:

- *Analyse von bereits durchgeführten und anstehenden Change-Projekten:* Eine Gegenüberstellung zum Zeitpunkt der initialen Planung vor einer Umsetzung

Abb. 3.7 Aspekte des Transformation Canvas. (Quelle: Eigene Darstellung.)

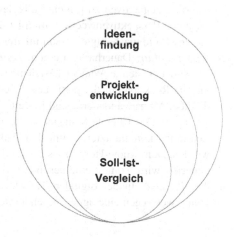

Ideenfindung

Projektentwicklung

Soll-Ist-Vergleich

als auch zum Zeitpunkt nach dem umgesetzten und implementierten Ergebnis ist erforderlich.

- *Kommunikation als Schlüssel des Erfolgs:* Das Canvas dient als Pitch-Instrument, um mit Stakeholdergruppen zu kommunizieren. Fortschritte und etwaige Hürden sollen durch die Kommunikation definiert werden.
- *Alignment des Change-Projekts:* Ein einheitliches Verständnis über Zielvorgaben, Vision, Mission, Dimensionen und Definitionen ist erforderlich. Diese Faktoren sind erfolgskritisch, wobei das Canvas hilft, sie auf einfache Weise zu skizzieren.

Das Transformation Canvas nach Lotter hat zum Ziel, dass alle Beteiligten zu einer kohärenten Sprache finden und ein Verständnis von der Relevanz der einzelnen Transformationsfelder gewinnen. Die folgenden neun Bestandteile beschreiben das Transformation Canvas:

1. *Normativer Rahmen:* Es gilt zu beschreiben, warum die digitale Transformation sinnvoll ist. Hier erfolgt nicht nur ein reines Gewinnstreben, sondern vielmehr wird eine übergeordnete Mission und Vision geschaffen, die innerhalb des Change-Projekts gelebt werden soll. Die nachfolgenden Fragen sind vom Change-Team zu beantworten: Sind wir in der digitalen Welt relevant? Welche Werte vertreten wir? Sind wir so modern, wie wir denken? Passen unsere Werte in das digitale Zeitalter?

2. *Denkhaltung:* Sie bildet das Digital Mindset des Change-Teams. Digitale Transformation bedeutet, sich für neue Lösungswege zu öffnen und auch externe Perspektiven zu prüfen. Falls das zu betrachtende Unternehmen nicht für einen Perspektivenwechsel offen ist, ist das Problem der Ablehnung durch die entscheidungsbefugte Person inhärent.

3. *Wissenskultur:* Dauerhaftes Lernen *(Learning on the job)* wird wichtiger denn je, weil der stetige Wandel bestehende Konzepte veralten lässt. Eine dynamische Reaktion auf die permanente Veränderung ist essenziell. Starre Pläne, die über Monate andauern, sind in Zeiten der digitalen Transformation zu hinterfragen. Der Change-Manager sollte in diesem Baustein die wesentlichen Learnings kommunizieren, um den Anforderungen des Wandels gerecht zu werden. Dem Know-How-Transfer, der durch die Diversität des Change-Teams generiert wird, kommt eine besondere Bedeutung zu.

4. *Arbeitsweise:* In der digitalen Transformation verkürzen sich Planungshorizonte, weswegen eine agile Vorgehensweise zu wählen ist. Iterative Intervalle,

die beispielsweise durch Scrum-Sprints angewendet werden, sind für die Agilität des Change-Teams maßgeblich. Der Change-Manager hat auch hier zum Ziel, durch direkte Kommunikation die agile Arbeitsweise zu empfehlen.

5. *Organisationsstruktur:* Kommunikation zwischen Management und Mitarbeiter ist wichtig, um Transparenz während des Change-Projekts zu schaffen. Flache Hierarchien sind hierbei besonders bedeutsam, sodass einzelne Mitarbeiter Verantwortung übernehmen. Das Change-Team muss in Abstimmung mit dem Leadership-Team selbstständig Entscheidungen treffen können.

6. *Performance Management:* Es sind passende Controlling-Instrumente anzuwenden, um den Erfolg messen zu können. Beispielsweise bietet sich das Zero-Base-Budgeting an, über welches der Ressourcenverbrauch gesteuert wird. Eine nachhaltige Kostenreduktion ist durch das Zero-Base-Budgeting möglich, wenn die jeweiligen Zielkosten innerhalb des Projekts identifiziert werden.[51] Die hohe Marktdynamik, die Großunternehmen begegnet, führt zu einem agilen Zielvereinbarungszyklus, um auf diesen Umstand passend reagieren zu können. Ziele, die zu Beginn des Projekts vereinbart werden, können sich während des Projektfortschritts verändern. Der Change-Manager sollte mit Feedback-Loops arbeiten, um neue Ziele definieren zu können.

7. *Kundenorientierung:* Die Adressaten sind mit maßgeschneiderter *Customer Experience* anzusprechen. Der Change-Manager muss überlegen, wie die Adressaten eine positive Erfahrung durch den digitalen Wandel erhalten. Diese Überlegungen können sollen in diesem Baustein festgelegt und ausgearbeitet werden.

8. *Digitalisierungsstrategie:* Der digitale Fortschritt zeichnet sich durch Volatilität, Ungewissheit, Komplexität und Ambivalenz aus. Kleine Teams können agil auf diese Externalitäten reagieren, um eine nachhaltige Digitalisierungsstrategie für das Change-Projekt entwickeln zu können. Diese Strategie stellt den Weg zu Erreichung des übergeordneten Ziels dar. Eine feste Verankerung des Digital Mindsets in der Unternehmenskultur sorgt für die Grundlage zur Erreichung des Ziels. Der Change-Manager definiert in Absprache mit dem Leadership-Team die Zielsetzungen und die passende Digitalisierungsstrategie.

9. *Digital Business:* Durch die Learnings diverser Change-Projekte etabliert sich ein Digital Business, also ein Geschäftsmodell, das durch die Mitarbeitenden geprägt ist, die das Digital Mindset auf Change-Projekte übertragen.[52] In diesem Baustein werden die wichtigsten *Learnings* aufgefasst und evaluiert.

---

[51] Vgl. McKinsey & Company (2019, o. S); Vgl. Lotter (2022, o. S); PricewaterhouseCoopers Strategy& (2010, S. 4).

[52] Vgl. Lotter (2022, o. S).

Das Transformation Canvas basiert auf folgenden Anwendungshinweisen, die für die optimale Durchführung wichtig sind:

- Inhalte sind für alle neun Erfolgsbestandteile zu definieren, sodass keine Perspektive unbeachtet gelassen wird.
- Freie Ausgestaltung des Canvas, da das Tool das Change-Team unterstützen soll. Eine individuelle Planung gemäß der Zielvorgabe des Projekts oder der Stakeholdergruppen wird angestrebt.
- Softwarelösungen wie zum Beispiel *Conceptboard* oder *Mural* bieten sich an, um in digitaler Weise die Erfolgsbestandteile auszufüllen.
- Die Nutzung verschiedener Farben der *Post-it's* wird empfohlen, da so verschiedene *To-do's* für unterschiedliche Bausteine dargestellt werden können.

Die folgenden Fragen zu den sechs Handlungsfeldern der digitalen Transformation von Großunternehmen werden durch das gesamte Change-Projekt-Team beantwortet, um eine zuverlässige Anwendung der neun Bestandteile zu gewährleisten:

1. *Stetige Anwenderorientierung:*
   - Welches sind die Zielsegmente mit dem höchsten Erfolgspotenzial?
   - Wie hoch ist die Zufriedenheit der Anwender?
   - Welches sind die zentralen Bedürfnisse der Anwender?
   - Welche Daten sind zur Bildung eines besseren Verständnisses vorhanden?
   - Können unsere Kernprozesse diese Anforderungen erfüllen?
   - Welche digitalen Kommunikationskanäle stehen zur Verfügung und können uneingeschränkt genutzt werden?
   - Welche Prozesse müssen dahingehend angepasst werden?
   - Sollen neue Kommunikationskanäle angeboten werden?
2. *Technologien:*
   - Welches sind die vorliegenden Technologien, und wie können diese für das Change-Projekt genutzt werden?
   - Wie werden sich diese Technologien weiterentwickeln?
   - Welche Softwarelösungen können unsere Prozesse besser unterstützen?
   - Welche Maßnahmen wurden hinsichtlich Compliance und IT-Sicherheit vorgenommen?
   - Sollte eine Technologie-Roadmap erstellt werden, die für das Change-Projekt relevant ist?
3. *Digitalisierungsstrategie:*
   - Wie zukunftsausgerichtet ist unser Vorhaben tatsächlich?

- Sind die erforderlichen Mittel für den Wandel vorliegend?
- Welche Plattformen, Experten, Produkte, Kooperationsmodelle und Kanäle können zum Projekterfolg beitragen?
4. *Cloud und intelligente Datenstrukturen:*
   - Sind die bestehenden Plattformen und Datensätze optimal verbunden?
   - Sind die IT-Systeme für die Nutzer anwendbar und skalierbar?
   - Welches Potenzial kann aus den bestehenden Datenstrukturen gewonnen werden?
   - Werden regelmäßig Messungen zur Datensicherheit vorgenommen?
   - Wurden weitere Lösungen der Cloud und intelligenten Daten umfassend analysiert?
5. *Optimierte Prozesse und Automatisierung:*
   - Welche Prozesse sollen automatisiert werden?
   - Welche Anforderungen bestehen somit an die IT?
   - Wie können die Prozessleistungen gemessen werden?
   - Welches sind die bisherigen *Learnings*, um Prozesse zu gestalten?
   - Welche Prozessoptimierungsmethoden können eingesetzt werden, um agiler zu reagieren?
   - Welche Prozesse liegen vor und benötigen aufgrund neuer Anforderungen eine Optimierung?
6. *Führung, Kultur und Arbeit:*
   - Welche Einstellung wird von den Mitarbeitenden gelebt?
   - Welche Führungsgrundsätze werden innerhalb des Großunternehmens verfolgt?
   - Welche Grundlagen bestehen zum Thema *Digital Leadership*?
   - Welche internen Fähigkeiten werden benötigt, um Change-Projekte erfolgreich durchzuführen?
   - Wie können Kreativitätstechniken eingesetzt werden?
   - Werden digitale Arbeitsplätze eingesetzt?
   - Wie wird den Mitarbeitenden in diesem Change-Prozess begleitet?[53]

3.3.5 Feedback-Loop

Das Tool Feedback-Loop stellt das erste Tool dar, das zur Validierung der vorherigen Tools sinnvoll ist. Der iterative Ansatz durch kontinuierliches Feedback

---

[53] Vgl. Peter (2017, o. S).

stammt aus dem Jahr 2011 durch den Lean-Experten *Ries*.[54] Feedback-Loops werden nicht nur in kommunikativen, iterativen Change-Projekten durchgeführt, sondern ebenso in technischen Simulationen, um den Design-Prozess erfolgreich zu implementieren. Der iterative Prozess soll eine kontinuierliche Weiterentwicklung gewährleisten.[55] Das kontinuierliche Feedback wird durch den Austausch zwischen dem Change-Team untereinander und dem Change-Manager generiert. Dabei muss das erwartete Projektergebnis evaluiert werden. Weiterhin muss der Change-Manager stetig für Motivation und die Schaffung des Verständnisses über den angestrebten Wandel im Change-Team sorgen. Die Ergebnisse des Feedback-Loops sollten in Unternehmen digital gespeichert und aufbewahrt werden, um bei künftigen Iterationsprozessen die jeweiligen Fortschritte wieder zu erkennen – hierfür sind *Excel-Applikationen* und *Mural-Boards* geeignet. Abb. 3.8 stellt den Feedback-Loop für Change-Projekte exemplarisch dar:

Schlussendlich sollte ein Feedback-Loop nach jeder Durchführung eines Tools des Lean-Change-Management-Approachs durchgeführt werden, um den Change-Projektfortschritt positiv zu beeinflussen. Der Change-Manager hat zum Ziel, das Team von Beginn an auf den Prozess einzustimmen, um ein Gefühl der persönlichen Zugehörigkeit hinsichtlich des Wandels zu schaffen.

3.3.6 Hypothesentests

Hypothesentests haben zum Ziel, einfache Projektschritte zu validieren, indem der Erfolg eines Schrittes entweder bestätigt wird oder nicht. Hierbei stellt die Segreganz die Richtigkeit des negativen Ergebnisses dar, wohingegen die Relevanz die Richtigkeit des positiven Ergebnisses beschreibt. Nach der Regel von *Bayes* werden somit zwei Ausgangsmöglichkeiten durch Hypothesentests beurteilt. Demnach wird die Hypothese entweder mit *Ja* oder *Nein* beantwortet.[56] Um den iterativen Prozess weiterzuentwickeln, ist es erforderlich, dass Hypothesen in Abhängigkeit des Ziels des Transformationsprojekts entwickelt werden. Es ist keine genaue Anzahl vorgeschrieben, jedoch gilt, je mehr Hypothesen validiert werden, desto genauer ist das Ergebnis. Das folgende Praxisbeispiel soll die Systematik verdeutlichen:

---

[54] Vgl. Rutitis und Volkova (2021, S. 237).
[55] Vgl. Tapia et al. (2021, S. 2661–2670).
[56] Vgl. Weinmann (2020, S. 1); Vgl. Kaufmann und Tan BC (2020, S. 5).

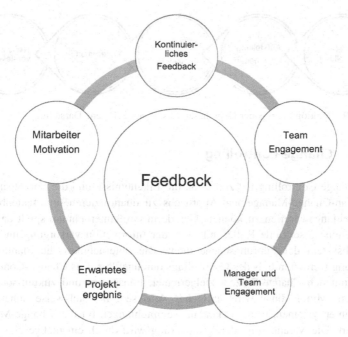

Abb. 3.8 Feedback-Loop. (Quelle: Eigene Darstellung.)

- *Hypothese A:* Die Digitalisierung und somit die Einführung des *Tools X* führen zu dem Ergebnis, das die Adressaten nachhaltig bei ihrer Arbcit entlastet werden.
- *Hypothese B:* Die Digitalisierung und somit die Einführung des *Tools X* führen zu dem Ergebnis, dass die Adressaten nicht nachhaltig bei ihrer Arbeit entlastet werden.

Beide Hypothesen können jetzt vom Change-Team überprüft werden, mit dem Ergebnis, das *Hypothese A* bestätigt und *Hypothese B* verworfen wird.

Die *Lean-Methode* hat zum Ziel, neue Hypothesen zu bilden, bis das Projekt-Ziel erreicht wurde. Vor allem der Change-Manager sollte den Prozess überwachen und neue Hypothesen in Zusammenarbeit mit dem Change-Team aufstellen. Abb. 3.9 verdeutlicht diesen Ablauf:

Schlussendlich stellen Hypothesentests einen wichtigen Bestandteil des iterativen Prozesses des Lean-Change-Management-Approachs dar.

Abb. 3.9 Iterationsprozess der Hypothesentests. (Quelle: Eigene Darstellung.)

3.3.7 Change-Controlling

Das Change-Controlling hat zum Ziel, die Erkenntnisse und die Vorgehensweise des Lean-Change-Management-Approachs zu quantifizieren, um faktenbasierte Entscheidungen treffen zu können. Gerade in Großunternehmen spielt das Controlling eine essenzielle Rolle, indem es der Informationsversorgung und damit als Subsystem der Führungsebene dient. Die unternehmerische Planung und Steuerung werden mittels des Controllings durchgeführt. Das Change-Controlling soll somit den Change-Prozess zielgerichtet, transparent und zukunftsorientiert gestalten. Mittels finanzwirtschaftlicher Analysen, beispielsweise anhand von Kennzahlensystemen, werden Handlungsempfehlungen für den Change-Manager generiert. Die Verankerung der Veränderung wird durch ein maßgeschneidertes Controlling-Konzept sichergestellt. Unter Unsicherheit agierende Unternehmen gehen immer ein Risiko ein, weswegen es eines Prognosemodells oder Simulationstechniken bedarf, um rationale Entscheidungen für das Change-Projekt treffen zu können. Chancen und Risiken können hierdurch erkannt werden.[57] Um eine Kontrollillusion zu vermeiden, ist es wichtig, die Entscheidungen faktenbasiert zu treffen. Ergo wird eine faktenbasierte statt einer verhaltensbedingten Heuristik angestrebt. Eine unvollständige Erfassung der Situation, unvollständige Informationen, kognitive Beschränkungen und zeitliche Limitierung in der Entscheidungsfindung sind wesentliche Faktoren, mit denen ein Change-Manager umgehen muss.[58]

Das Controlling unterstützt die verantwortliche Change-Führungskraft bei der Einhaltung von wirtschaftlichen Vorgaben, wie z. B. der Zweck-Mittel-Rationalität. Hierbei werden die Ressourcen effektiv sowie effizient zur Erreichung der Change-Ziele eingesetzt.[59]

---

[57] Vgl. Georg und Sesler (2021, S. 14–18); Vgl. Diehm (2017, S. 9).
[58] Vgl. Münter (2018, S. 109–113). Vgl. Behringer (2018, S. 7).
[59] Vgl. Behringer (2018, S. 6 f.).

Es wird zwischen dem strategischen und operativen Controlling unterschieden. Das operative Controlling betrachtet vor allem wertmäßige Veränderungen.[60] Das Change-Controlling, so wie es in dieser Abhandlung vorzufinden ist, beschränkt sich jedoch bevorzugt auf das strategische Controlling. Der Fokus des strategischen Change-Controllings liegt auf dem Plan-Ist-Vergleich. Dabei unterstützt das operative Controlling mit konkreten Zahlen, wohingegen das strategische Controlling Handlungsvorschläge für den Change-Manager ableiten soll.[61] Das Change-Controlling hat zum Ziel, auf den Change-Prozess hinzuwirken, indem relevante Erkenntnisse das Change-Team in der Entscheidungsfindung unterstützen.[62] Somit bietet das strategische Change-Controlling dem Change-Team Support hinsichtlich der Sicherung und Skalierung von Unternehmenspotenzialen. Ergo hat das strategische Controlling eine Unterstützungsfunktion inne, indem das ökonomisch fundierte Konzept des Controllings transzendiert wird, um übergreifende Handlungsmaßnahmen zu definieren.[63] Das Change-Controlling wird als ein Konzeptionsmodell angesehen, das auf Basis von Informationen, die in Form von Kennzahlen dargestellt sowie unabhängig von gesetzlichen Regelungen (Handels- und Steuerrecht) sind, als Handlungsmodell fungiert.[64] Abb. 3.10 zeigt den Zusammenhang zwischen Change-Controlling und den Ausrichtungen des klassischen Controllings:

Im ersten Schritt des Change-Controllings werden Kriterien gebildet, die für das strategische Monitoring, das durch den Change-Manager durchgeführt wird, wichtig sind. Im darauffolgenden Schritt wird ein Kennzahlensystem erstellt, anhand dessen fundierte Entscheidungen getroffen werden können – in Verbindung mit den diversen Tools des Lean-Change-Management-Approachs. Um Kriterien bilden zu können, müssen die Gesamtziele des Change-Projekts festgelegt werden. Ferner ist es notwendig, Schlüsselkennzahlen zu definieren, die zu betrachten sind. Die Change-Ziele sollten messbar und relevant sein. Dies bedeutet, dass sie *SMART* (*S* = spezifisch, *M* = messbar, *A* = attraktiv, *R* = relevant und *T* = terminiert) sind.[65] Weiterhin muss ein Überblick über die Erhebungsmethoden geschaffen werden, indem entweder Datensätze, Befragungen oder weitere unternehmensinterne Ressourcen genutzt werden. Die geplante Erhebungsmethode muss jedoch mit der verantwortlichen Change-Führungskraft

---

[60] Vgl. Schroeter (2002, S. 20).

[61] Vgl. Buchholz (2009, S. 9).

[62] Vgl. Abee et al. (2020, S. 3).

[63] Vgl. Alter (2011, S. 1–4); Vgl. Alter (2019, S. 50).

[64] Vgl. Hubert (2016, S. 6).

[65] Vgl. Bittner-Fesseler und Häfelinger (2018, S. 156).

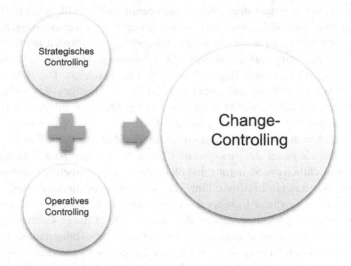

Abb. 3.10 Der Zusammenhang des Controllings und Change-Controlling. (Quelle: Eigene Darstellung.)

abgestimmt werden, um Diskrepanzen zu vermeiden. Im Folgenden wird ein praxisnahes, von der Autorenschaft entworfenes Kennzahlensystem vorgestellt, das in dieser Form in der Praxis Anwendung finden kann. Auf der linken Seite der Tab. 3.6 finden sich die *KPI* (Key Performance Indikators), auf der rechten Seite ist die Definition zur jeweiligen *KPI* dargestellt:

Das Kennzahlensystem, das im Folgenden aufgestellt wird, entspricht einer Gesamtheit von Kennzahlen, die für das Projektmanagement genutzt werden, um Entscheidungen zu treffen.[66] Kennzahlensysteme, die in einem sachlogischen und zusätzlich mathematischen Zusammenhang stehen, werden als sogenannte Rechensysteme klassifiziert. Falls nur eine sachlogische Anordnung erfolgt, dann gilt das Kennzahlensystem als Ordnungssystem.[67] Einige Voraussetzungen beziehungsweise Fragen, die zur Erstellung von Kennzahlensystemen wichtig sind, sollten zwingend durch den Change-Manager eingehalten sowie beantwortet werden:

- *Definition des Ziels:* Worüber soll die Kennzahl informieren?

---

[66] Vgl. Küting und Weber (2012, S. 55); Vgl. Botsis et al. (2015, S. 66).
[67] Vgl. Botsis et al. (2015, S. 66).

Tab. 3.6   Change-Kennzahlensystem – Kriterien

KPI	Definition
Anzahl der Change-Projekte	Anzahl der Change-Projekte, die nach Abstimmung mit dem Change-Team durchgeführt werden
Anzahl der Change-Meetings	Anzahl der Meetings, die für die Durchführung des Change-Projekts notwendig sind
Zeit bis zur Projektzusage oder Projektabsage	Durchschnittliche Zeit bis zur Projektbestätigung durch das Change-Team
Change Akzeptanz	Anzahl der abgelehnten oder bestätigten Change-Projekte durch das Change-Team
Anzahl der problematischen Change-Projekte	Anzahl der Change-Projekte, die aufgrund von häufigen Iterationsschritten zu Problemen führen

Quelle: Eigene Darstellung

- *Verfügbarkeit der Daten:* Liegen relevante Daten zur Auswertung vor?
- *Qualität der Daten:* Wurden die vorliegenden Daten korrekt erhoben?
- *Aufbau der Kennzahlen:* Beantwortet die Kennzahl die Frage des Adressaten?
- *Aufwand:* Steht der Aufwand zur Ermittlung der Ergebnisse im realistischen Verhältnis zum Wert der gewonnenen Erkenntnisse?[68]

Es können nun entsprechende Kennzahlen gebildet werden, die sachlich zueinanderstehen:

$$(1)\ Projekterfolg = 1 - \frac{\text{Anzahl der problematischen Change Projekte}}{\text{Anzahlder Change Projekte}}$$

Die Kennzahl *Projekterfolg* setzt die Anzahl der problematischen Change-Projekte dividiert durch die Anzahl der Change-Projekte ins Verhältnis. Je mehr Change-Projekte ohne Probleme durchgeführt werden, desto besser ist es. Somit sollte der *Zähler* möglichst niedrig sein, um einen Wert nach dem Idealwert von eins zu erhalten. Diese Kennzahl gibt Aufschluss über den allgemeinen Projekterfolg und ist somit besonders relevant für den Change-Manager.

$$(2)\ Meetingintensität = \frac{\text{Anzahl der Change Meetings}}{\text{Anzahl der Change Projekte}}$$

---

[68] Vgl. Botsis et al. (2015, S. 72); Vgl. Groll (2000, S. 22 ff.).

Die Kennzahl *Meetingintensität* gibt Aufschluss darüber, ob das Transformationsprojekt effizient und transparent durchgeführt wurde. Je größer die Anzahl der Meetings im *Zähler*, desto schlechter ist das Ergebnis der Kennzahl, weil der Zeitaufwand für die Durchführung der Meetings nicht optimal im Verhältnis zur Anzahl der Change-Projekte steht. Diese Kennzahl lässt sich leicht beeinflussen, indem die Anzahl der Change-Meetings verringert wird, um effizient hinsichtlich des Zeitaufwands zu sein.

$$(3)\ Akzeptanz = \frac{\text{Anzahl der akzeptierten Projekte}}{\text{Anzahl der Change Meetings}}$$

Die Kennzahl *Akzeptanz* definiert die Anzahl der Zusagen für ein Change-Projekt. Die Anzahl der akzeptierten Projekte (Akzeptanz der Durchführung durch das Leadership-Team) steht im Verhältnis zur Anzahl der Meetings. Je größer der *Zähler* ausfällt, desto besser. Ein Ergebnis von *eins* sollte angestrebt werden. Je weniger Meetings für die Zusage respektive Akzeptanz eines Change-Projekts benötigt werden, desto besser ist es.

$$(4)\ Zeitintensität = \frac{\text{Anzahl der Change Meetings}}{\text{Zeit (in Wochen) bis zur Projektzusage oder Projektabsage}}$$

Die Kennzahl *Zeitintensität bis zur Projektzusage* verdeutlicht den Zusammenhang der Change-Meetings mit der Dauer bis zur Zusage oder Absage eines Change-Projekts durch das Leadership-Team. Je weniger Meetings im Zähler für eine Zusage oder Absage im Nenner benötigt werden, desto besser. Diese Kennzahl ist für das Change-Management wichtig, um Potenziale für Zeitersparnisse erfassen zu können – besonders in Großunternehmen kommt diesem Aspekt eine bedeutende Rolle zu.

$$(5)\ Problemintensität = \frac{\text{Anzahl der Change Meetings}}{\text{Anzahl der problematischen Change Projekte}}$$

Die Kennzahl *Problemintensität* bezeichnet die Meeting-Frequenz bei problematischen Change-Projekten. Ein Wert von *eins* sollte angestrebt werden, um das Kommunikationsaufkommen gering zu halten. Faktisch bedeutet dies, dass genau ein Meeting für ein problematisches Projekt angesetzt wird, um von Zeitersparnissen zu profitieren.

$$(6)\ Projektintensität$$
$$= \frac{\text{Anzahl der Change Projekte}}{\text{Anzahl der Change Meetings} + \text{Anzahl der akzeptierten Change Projekte}}$$

Kennzahl (6) quantifiziert die Projektintensität. Dabei ist es redundant, dass bei steigender Anzahl von Change-Projekten die Anzahl der Meetings und die Akzeptanz proportional steigen.

Die vorab definierten Kennzahlen schließen sich zu einem Kennzahlensystem zusammen, das in der Praxis angewendet werden kann. Natürlich ist es möglich, weitere Kennzahlen zu bilden, um genauere Ergebnisse zu erhalten. Jedoch ist für den Change-Manager eine grundlegende Quantifizierung sinnvoll. Klassische Erfolgs- und Rentabilitätskennzahlen können in diesem Zusammenhang ebenfalls Anwendung finden. Der *Return on Investment (ROI)* stellt eine beliebte Erfolgskennzahl dar und kann einfach angepasst werden:

$$ROI = \frac{\text{Erwarteter Return (monetär oder nicht monetär)}}{\text{Erwartete Kosten der Change Maßnahme(monetär oder nicht monetär)}}$$

Diese Kennzahl quantifiziert den grundsätzlichen Erfolg des Change-Managements bezogen auf Transformationsprojekte.

Summa Summarum ist das Change-Controlling erfolgreich, wenn

- *Betroffene zu Beteiligten* wurden und die Relevanz des Change-Projekts verstanden wurde. Weiterhin ist ein finales Feedback der Stakeholder einzuholen.
- agil und effizient auf Projektveränderungen durch entsprechende Maßnahmen reagiert wurde.
- ein optimaler Einsatz aller Ressourcen für das Change-Projekt erfolgt ist – hinsichtlich Budgets, Zeit, Maßnahmen und Kommunikation.
- Abstimmung, Genehmigung, Vorschläge und Kommunikation mit dem Change-Team erfolgte.

Das Change-Controlling stellt den letzten Iterationsschritt des Lean-Change-Management-Approachs dar.

3.4 Beurteilung der Change-Tools hinsichtlich einer Priorisierung

Die Durchführung einer Priorisierung von Tools hat zum Ziel, auf etwaige Anforderungen der Stakeholdergruppen reagieren zu können. Bestimmte Tools, wie beispielsweise das Transformation Canvas, der Design-Thinking-Prozess und vor allem Scrum erweisen sich durch einen mittleren bis hohen Zeitaufwand aus. Dieser Zeitaufwand kann in Großunternehmen nicht für jedes Change-Projekt gerechtfertigt werden, weshalb eine Priorisierung gewisser Tools unabdinglich ist. Die Entscheidung über die Auswahl der Tools, die angewendet werden, hat der Change-Manager in Absprache mit dem Leadership-Team zu treffen.

Die Validierungs-Tools Feedback-Loop, Hypothesentests und Change-Controlling sind durch einen geringen Zeitaufwand gekennzeichnet.

Vor allem Hypothesentests sind schnell und einfach durch das Change-Team anzuwenden, um Rückschlüsse über den Projekterfolg zu erhalten, die für weitere Entscheidungen relevant sind. Das Change-Controlling bedarf einer stetigen Überwachung durch das Change-Team, um die tagesgenauen Ergebnisse der Kennzahlen zu ermitteln. Feedback-Loops sind generell für den Projekterfolg von signifikanter Bedeutung, da durch die wechselseitige Kommunikation ein iteratives, agiles und nachhaltiges Projektmanagement gelebt wird. Schlussendlich ist die Priorisierung ein wesentlicher Aspekt, um Change-Projekte zu entwickeln und erfolgreich abzuschließen. Eine nachhaltige Verankerung der Veränderung kann hierdurch gewährleistet werden.

3.5   Beurteilung der Change-Tools hinsichtlich der praktischen Relevanz

Alle Tools, die dem Lean-Change-Management-Approach zugrunde liegen, sind praxisrelevant. Insbesondere der iterative Prozess wird im Projektverlauf durch die praktische Anwendung stetig verändert und angepasst. Design-Thinking, Scrum und das Transformation Canvas sind durch die wechselseitige Anwendung des Change-Teams und der Adressaten ebenso als praxisrelevant zu bezeichnen. Die nachfolgenden Aspekte sind Voraussetzungen für die sinnvolle Anwendung der Change-Tools in Großunternehmen:

- Klare Definition zur Zugehörigkeit hinsichtlich der Unternehmensvision.
- Schaffung eines Digital Mindsets.
- Klare Beschreibung von Problemstellung, Lösungsvorschlag und Benefits durch die sieben Change-Tools.
- Ideenvorschläge und Vorschläge für die Kommunikationsstrategie.
- Erstellung von Change-Projekt-Roadmaps durch Change-Tools.
- Abstimmung, Genehmigung, Vorschläge und Kommunikation mit dem Change-Team und dem Change-Management.
- Validierung und Verifizierung durch Change-Tools.

Die erneute Verdeutlichung der Relevanz intensiver, wechselseitiger und proaktiver Kommunikationsmaßnahmen durch das Change-Team sind an dieser Stelle des Buches besonders hervorzuheben. Der iterative Prozess, der für die Praxis von großer Bedeutung ist, kann nur durch alle Beteiligten durchgeführt werden, weswegen ein Digital Mindset und eine offene Arbeitskultur, die auch durch konstruktive Kritik gefördert wird, essenziell sind.

Prognose und Zusammenfassung der Ergebnisse

4

4.1 Fazit

Diese Abhandlung befasste sich mit der praxisorientierten Anwendung und detailgenauen Erläuterung des Lean-Change-Management-Approachs in Zeiten der digitalen Transformation von Großunternehmen. Sie verdeutlicht zudem den Zusammenhang zwischen Externalitäten, in Form der Digitalisierung als sogenanntem *Treiber zur Veränderung,* und dem Handlungsbedarf hinsichtlich des Change-Managements. Dabei standen die Betrachtung des praxisorientierten Ansatzes sowie die Durchführung eines ressourcenschonenden Change-Managements im Mittelpunkt.

Die Anwendung der Fragenkataloge, die zu Beginn und zum Ende des Lean-Change-Management-Approachs durchgeführt wird, hat zum Ziel, dass das Feedback von den Adressaten in den Change-Prozess miteinbezogen wird. Bei eventuellen Diskrepanzen kann eine Iteration durchgeführt werden, indem eine erneute Anwendung der Change-Tools erfolgt, dessen Ergebnis durch eine erneute Befragung validiert wird. Somit kann der projektleitende Change-Manager adaptiv auf Feedback eingehen und den Lean-Change-Management-Approach gegebenenfalls durch eine Priorisierung anpassen.

Die Vorstellung und die chronologische Reihenfolge der sieben Change-Tools sind für die unternehmerische Praxis von signifikanter Bedeutung. Der multiperspektivische Ansatz verfolgt das Ziel, das Change-Manager in ihrer Entscheidungsfindung unterstützt werden. Der *Design-Thinking-Prozess* generiert Projekt-Ideen, die in iterativen Prozessen zu Strategien ausgearbeitet werden. Das *SCARF-Modell* verfolgt den Ansatz, dass neurowissenschaftliche Erkenntnisse für den Projekterfolg genutzt werden. Demnach wird ein generelles Umdenken hinsichtlich der Notwendigkeit der Veränderung innerhalb des Change-Teams

S. Georg et al., *Anwendung des Lean-Change-Management-Approachs in Zeiten der digitalen Transformation*, essentials, https://doi.org/10.1007/978-3-658-42266-0_4

gefordert (Digital Mindset). *Scrum* hat zum Ziel, durch mehrere sogenannte Sprints Problemlösungen zu entwickeln, um diese für das Change-Projekt verfolgen zu können. Das *Transformation Canvas* stellt dem Change-Team neun Bausteine zur Verfügung, die vom Problem bis zur Lösung diverse Blickpunkte eines Change-Projekts betrachten. Durch diese Betrachtung ist es möglich, iterative Prozesse zu fördern, um ein positives und nachhaltiges Projektergebnis zu erzielen. *Feedback-Loops* verfolgen das Ziel, durch wechselseitige Kommunikation zwischen Change-Team und Adressatengruppen Erkenntnisse zu gewinnen, die für den weiteren Projekterfolg wichtig sind. Ferner kann die erfolgreiche Anwendung der Change-Tools durch Feedbackschleifen validiert werden. Daraufhin können *Hypothesentests* Aufschluss über den Projekterfolg geben, indem aufgestellte Hypothesen entweder bestätigt werden oder nicht. Zuletzt erfolgt eine Quantifizierung durch das sogenannte *Change-Controlling*. Im ersten Schritt werden Kriterien gebildet, die sich daraufhin in einem Kennzahlensystem als Kennzahl zusammenfügen. Die Ergebnisse der Kennzahlen sind für das Change-Management, das Change-Team und auch für das Leadership-Team relevant, um faktenbasierte Informationen über das Change-Projekt zu erhalten.

4.2   Prognose und Ergebnisse des Experteninterviews

Die Relevanz des Change-Managements wird künftig zunehmen. Großunternehmen sind ständigen Einflüssen durch Externalitäten, wie beispielsweise der Digitalisierung, der Inflation, der Coronavirus-Pandemie, des Ukraine-Krieges sowie Nachhaltigkeitskriterien, ausgesetzt. Eine agile Reaktion ist demnach der wichtigste Erfolgsfaktor für das Meistern des Wandels und somit die Sicherung der Markt- und Wettbewerbsfähigkeit. Unternehmerische Risiken sind nicht umsonst der Treiber für Innovationen und den unternehmensinternen Wandel. Die Ergebnisse des Experteninterviews mit Frau *Prof. Dr. Schwarz (siehe Appendix)* bestätigen die Relevanz der Schaffung eines digital Mindsets durch das Leadership-Team und einer offenen Unternehmenskultur. Weiterhin ist es essenziell, Betroffene zu Beteiligten zu machen, wodurch eine intrinsische Motivation erzeugt wird, die Change-Prozesse vorantreibt.

Was Sie aus diesem *essential* mitnehmen können

- Die Digitalisierung macht gerade in Großunternehmen vielfältige Veränderungen notwendig.
- Veränderungsprozesse im Unternehmen lassen sich effizient und effektiv mittels des Lean-Change-Management-Approaches umsetzen.
- Es existieren sieben verschiedene, priorisierbare Tools zur Umsetzung des Lean-Change-Managements-Approaches.
- Kommunikation spielt beim Lean-Change-Management-Approach eine große Rolle.
- Einzelne Tools können nicht nur zur Umsetzung des Change-Managements, sondern auch zur Validierung von Veränderungsprozessen genutzt werden.
- Mittels Kennzahlen und Kennzahlensystemen lässt sich ein Change-Controlling aufbauen.

© Der/die Herausgeber bzw. der/die Autor(en), exklusiv lizenziert an Springer Fachmedien Wiesbaden GmbH, ein Teil von Springer Nature 2023
S. Georg et al., *Anwendung des Lean-Change-Management-Approachs in Zeiten der digitalen Transformation*, essentials,
https://doi.org/10.1007/978-3-658-42266-0

Appendix: Experteninterview mit Frau Prof. Dr. Schwarz

Frau Prof. Dr. Nicole Schwarz ist seit 2009 Professorin für Allgemeine BWL und Marketing an der htw saar und Studienleiterin des im Jahr 2014 ins Leben gerufenen Master-Studiengangs Kulturmanagements, der in Kooperation mit der HfM Saar und der HBKsaar angeboten wird. Sie studierte Chemie, BWL sowie Erziehungswissenschaften an der Universität des Saarlandes und promovierte an der naturwissenschaftlich-technischen Fakultät III der Universität des Saarlandes und schloss mit dem Titel Doktorin der Ingenieurwissenschaften ab. Während ihrer Promotion war sie als Wissenschaftliche Mitarbeiterin am Institut für Neue Materialien in Saarbrücken beschäftigt. Nach Abschluss der Promotion arbeitete sie in den Jahren 1999–2008 in verschiedenen Positionen im Produktmanagement und in der Leitung Ländermarketing der Villeroy & Boch AG in Mettlach. Zuletzt oblag ihr hier die Gesamtverantwortung für das gehobene Keramik-Ausstellungsgeschäft im Unternehmensbereich Bad und Wellness. Von 3/2008–12/2010 war Frau Prof. Dr. Schwarz auch als selbstständige Beraterin der Zehnder Group Management AG, Gränichen, Schweiz, tätig.

1. Wie beurteilen Sie die Notwendigkeit hinsichtlich des kulturellen Wandels, der durch die digitale Transformation begründet ist, Betroffene zu Beteiligten zu machen?

   „Das halte ich für sehr wichtig, da eine Partizipation und eigene Gestaltungsmöglichkeiten am und im Transformationsprozess das Commitment der Mitarbeiter:innen für diesen Change-Prozess viel größer sein lässt. Die digitale Transformation bringt wesentliche Veränderungen mit sich, die für einige sicher auch erstmal abschreckend oder beängstigend wirken. Umso wichtiger ist es, die Menschen einzubeziehen und sie den Wandel aktiv mitgestalten zu lassen, um ihnen diese Ängste zu nehmen und die damit einhergehenden Änderungen der Unternehmenskultur behutsam und nachhaltig umzusetzen."

2. Wie sehen Sie die Notwendigkeit, als Führungskraft ein Digital Mindset innerhalb des Teams zu schaffen?

© Der/die Herausgeber bzw. der/die Autor(en), exklusiv lizenziert an Springer Fachmedien Wiesbaden GmbH, ein Teil von Springer Nature 2023
S. Georg et al., *Anwendung des Lean-Change-Management-Approachs in Zeiten der digitalen Transformation*, essentials,
https://doi.org/10.1007/978-3-658-42266-0

„Die digitale Transformation bringt diese Notwendigkeit der Etablierung eines Digital Mindset zwingend mit sich. Das Team muss alte Denkmuster verlassen und neue Wege und Werte finden und etablieren. Arbeitsweisen, Denkweisen und letztlich die Unternehmenskultur ändern sich und das Team muss ein Bewusstsein für diese Veränderungen entwickeln und sich möglichst auch dafür begeistern. Dies benötigt Zeit und sollte daher frühzeitig und mit entsprechend langfristiger Ausrichtung entwickelt werden, um die gewünschte Wirkung zu erzielen. Offenheit und Kreativität sind hierfür wichtige Erfolgsfaktoren."

3. Wie sehen Sie die Relevanz einer offenen Unternehmenskultur in Zeiten unter Unsicherheit?

„Eine offene Unternehmenskultur kann gerade in Zeiten unter Unsicherheit ein hilfreicher Baustein dafür sein, den Mitarbeitern mehr Sicherheit zu vermitteln, eine angstfreie Atmosphäre zu schaffen und das Wohlbefinden zu verbessern. Dies fördert auch die Verbundenheit zum Unternehmen oder auch die Innovationskraft. Somit könnte man schon fast sagen, eine offene Unternehmenskultur ist gerade in solchen Zeiten eine Grundvoraussetzung für die Zukunftsfähigkeit von Unternehmen. Sie ermöglicht in der Regel auch schnellere und flexiblere Anpassungen an sich verändernde Rahmenbedingungen oder auch ein besseres Krisenmanagement, was gerade in Zeiten unter Unsicherheit von hoher Wichtigkeit sein kann."

Literatur

Abee, S., Andrae, S., & Schlemminger, R. (2020). *Strategisches Controlling 4.0 – Wie der digitale Wandel gelingt.* Springer Gabler Verlag.

Aengenheyster, S., & Dörr, K. (2019). Grundlagen der IT-Kommunikation. In S. Aengenheyster & K. Dörr (Hrsg.), *Praxishandbuch IT-Kommunikation.* Springer Gabler Verlag.

Alter, R. (2011). *Strategisches Controlling – Unterstützung des strategischen Managements.* De Gruyter Verlag.

Alter, R. (2019). *Strategisches Controlling – Unterstützung des strategischen Managements.* De Gruyter Verlag.

Banholzer, V. (2018). Gestaltungsdiskurs Industrie 4.0: Akzeptanzaspekte, Frames, Institutionalisierungen. In F. Siems & M. Papen (Hrsg.), *Kommunikation und Technik – Ausgewählte neue Ansätze im Rahmen einer interdisziplinären Betrachtung.* Springer Gabler Verlag.

Behringer, S. (2018). *Controlling.* Springer Gabler Verlag.

Bertagnolli, F. (2018). *Lean Management – Einführung und Vertiefung in die japanische Management-Philosophie.* Springer Gabler Verlag.

Bittner-Fesseler, A., & Häfelinger, M. (2018). *Kommunikation für junge Unternehmen – Das Praxishandbuch für Existenzgründer und Start-ups.* Springer Gabler Verlag.

Bohinc, T. (2014). *Kommunikation im Projekt – Schnell, effektiv und ergebnisorientiert informieren.* GABAL Verlag GmbH.

Botsis, D., Hansknecht, S., Hauke, C., Janssen, N., Kaiser, B., & Rock, T. (2015). *Kennzahlen und Kennzahlensysteme für Banken.* Springer Gabler Verlag.

Brettschneider, F., & Müller, U. (2020). Vorhabenträger auf dem Weg zu gesellschaftlich tragfähigen Lösungen. In F. Brettschneider (Hrsg.), *Bau- und Infrastrukturprojekte – Dialogorientierte Kommunikation als Erfolgsfaktor.* Springer Gabler Verlag.

Bright Solutions GmbH. (2022). Die Scrum Methode als Framework. https://www.brightsolutions.de/blog/scrum-methode-als-framework/. Zugegriffen: 10. Okt. 2022.

Buchholz, L. (2009). *Strategisches Controlling – Grundlagen – Instrumente – Konzepte.* Gabler.

Christensen, C. M., Matzler, K., & von den Eichen, S. F. (2011). *The Innovators Dilemma.* Verlag.

Creusen, U., Gall, B., & Hackl, O. (2017). *Digital Leadership – Führung in Zeiten des digitalen Wandels.* Springer Gabler Verlag.

© Der/die Herausgeber bzw. der/die Autor(en), exklusiv lizenziert an Springer Fachmedien Wiesbaden GmbH, ein Teil von Springer Nature 2023
S. Georg et al., *Anwendung des Lean-Change-Management-Approachs in Zeiten der digitalen Transformation,* essentials,
https://doi.org/10.1007/978-3-658-42266-0

Croll, A., & Yoskovitz, B. (2013). *Lean analytics – Use data to build a better startup faster.* O'Reilly Media Inc.

Derr, T., Georg, S., & Heiler, C. (2021). *Die disruptive Innovation durch Streamingdienste – Eine strategische Analyse der Marktführer Netflix und Spotify.* Springer Gabler Verlag.

Diehm, J. (2017). *Controlling in Start-up-Unternehmen – Praxisbuch für junge Unternehmen und Existenzgründungen.* Springer Gabler Verlag.

Ellis, K. (2021). How disruption equips us to rethink and reinvent – COVID-19 and Brexit brought greater care, creativity and innovation to the fore. https://www.pwc.com/gx/en/issues/reinventing-the-future/take-on-tomorrow/disruption-rethink-reinvent.html. Zugegriffen: 6. Okt. 2022.

Ematinger, R. (2018). *Von der Industrie 4.0 zum Geschäftsmodell 4.0 – Chancen der digitalen Transformation.* Springer Gabler Verlag.

Eschberger-Friedl, T. (2019). Innovation Management – 10 Prinzipien, die Design Thinking erfolgreich machen. https://www.lead-innovation.com/insights/blog/design-thinking-erfolgreich. Zugegriffen: 10. Okt. 2022.

Falkenreck, C. (2019). *Digitalisierungsprojekte erfolgreich planen und steuern – Kunden und Mitarbeiter für die digitale Transformation begeistern.* Springer Gabler Verlag.

Fischbach, J., & Steinbrecher, W. (2020). Agiles Projektmanagement nach Scrum. In W. Steinbrecher (Hrsg.), *Agile Einführung der E-Akte mit Scrum – Die digitale Akte als kollaborative Teamplattform aufsetzen.* Springer Gabler Verlag.

Freudenthaler-Mayrhofer, D., & Sposato, T. (2017). *Corporate Design Thinking – Wie Unternehmen ihre Innovationen erfolgreich gestalten.* Springer Gabler Verlag.

Georg, S., Heiler, C., & Derr, T. (2020). *Die statische & dynamische Investitionsrechnung – Mit praktischen Modellrechnungen & Case Studies.* Epubli Verlag.

Georg, S., & Sesler, R. (2021). *Innovatives Controlling – Die 5 wichtigsten Trends: Controlling im Umfeld von Digitalisierung und Nachhaltigkeit.* Haufe Group Verlag.

Gerstbach, I., & Gerstbach, P. (2020). *Design Thinking in IT-Projekten – Agile Prolemlösungskompetenz in einer digitalen Welt.* Carl Hanser Verlag.

Ghadiri, A. (o. J.a). SCARF – Ausführliche Definition im Online-Lexikon. Gabler Wirtschaftslexikon. https://wirtschaftslexikon.gabler.de/definition/scarf-54113. Zugegriffen: 13. Okt. 2022.

Ghadiri, A. (o. J.b). Neuroleadership – Ausführliche Definition im Online-Lexikon. Gabler Wirtschaftslexikon. https://wirtschaftslexikon.gabler.de/definition/neuroleadership-54108. Zugegriffen: 18. Okt. 2022.

Groll, K. (2000). *Das Kennzahlensystem zur Bilanzanalyse – Ergebniskennzahlen, Aktienkennzahlen, Risikokennzahlen.* Carl Hanser Verlag.

Gründerpilot, Finrocks GmbH. (2022). Wie viele Startups scheitern. https://www.gruenderpilot.com/wie-viele-startups-scheitern/. Zugegriffen: 17. Okt. 2022.

Gudergan, G., Feige, A., Krechting, D., & Conrad, R. (2022). Framework for managing business transformation. In W. Frenz (Hrsg.), *Handbook industry 4.0 – Law, technology, society.* Springer.

Hasso-Plattner-Institut für Digital Engineering gGmbH. (o. J.) Shape the future with design thinking – Was it design thinking? https://hpi.de/school-of-design-thinking/design-thinking/was-ist-design-thinking.html. Zugegriffen: 10. Okt. 2022.

Heche, D. (2004). *Praxis des Projektmanagements.* Springer.

Hirth, H. (2017). *Grundzüge der Finanzierung und Investition.* De Gruyter Verlag.

Hubert, B. (2016). *Grundlagen des operativen und strategischen Controllings – Konzeptionen, Instrumente und ihre Anwendung.* Springer Gabler Verlag.

Janke, K. (2015). *Kommunikation von Unternehmenswerten – Modell, Konzept und Praxisbeispiel Bayer AG.* Springer Gabler Verlag.

Jenny, B. (2021). *Das Wissen für eine erfolgreiche Karriere – Projektmanagement.* Vdf Hochschulverlag AG.

Kahnemann, D. (2012). *Schnelles Denken, langsames Denken.* Penguin Verlag.

Kaiser, F., & van Bennekum, A. (2012). *Scrum? – Klare Antworten aus erster Hand.* UVK.

Kaufmann, U., & Tan, A. (2020). *Data Science für Einsteiger – Daten analysieren, interpretieren und richtige Entscheidungen treffen.* Carl Hanser Verlag.

Kieser, A., Hegele, C., & Klimmer, M. (1998). *Kommunikation im organisatorischen Wandel.* Schäffer-Poeschel.

Klein, L. (2013). *UX for lean startups – Faster, smarter user experience research and design.* O'Reilly Media Inc.

Kolko, J. (2015). Design thinking comes of age – The approach, once used primarily in product design, is now infusing corporate culture. In: Harvard Business Review. https://hbr.org/2015/09/design-thinking-comes-of-age. Zugegriffen: 7. Okt. 2022.

Kollmann, T. (2020). *Digital Leadership – Grundlagen der Unternehmensführung in der Digitalen Wirtschaft.* Springer Gabler Verlag.

Koßmann, J., & Schmidt, T. (2009). *Standardisierung im Kontext von Change Management.* GRIN Verlag.

Kotter, J. (1996). *Leading change.* Harvard Business School Press.

Kotter, J. (2013). *Leading Change – Wie Sie Ihr Unternehmen in acht Schritten erfolgreich verändern.* Vahlen.

Kreutzer, R., Pattloch, A., & Neugebauer, T. (2017). *Digital Business Leadership – Digitale Transformation – Geschäftsmodell-Innovation – agile Organisation – Change-Management.* Springer Gabler Verlag.

Kuhnert, J., & Teuber, S. (Hrsg.). (2008). *Praxishandbuch Change Management – Einsatzfelder, Grenzen und Chancen.* Vahlen.

Künzel, H. (2016). *Erfolgsfaktor Lean Management 2.0 – Wettbewerbsfähige Verschlankung auf nachhaltige und kundenorientierte Weise.* Springer Gabler Verlag.

Küting, K., & Weber, C. (2012). *Die Bilanzanalyse – Beurteilung von Abschlüssen nach HGB und IFRS.* Schäffer-Poeschel.

Lauer, T. (2019). *Change Management – Grundlagen und Erfolgsfaktoren.* Springer Gabler Verlag.

Liedtka, J. (2018). Why design thinking works – It addresses the biases and behaviors that hamper innovation. Harvard Business Review. https://hbr.org/2018/09/why-design-thinking-works. Zugegriffen: 7. Okt. 2022.

Lotter, D. Institute für sustainable leadership & change. (2022). Digital transformation canvas. https://www.institut-slc.de/digital-transformation-canvas/. Zugegriffen: 21. Okt. 2022.

Malhotra, V. (2020). Single Reference Guide for Scrum Certification: Professional Scrum Master I (PSM I) and Professional Scrum Product Owner I (PSPO I) Certification. The Scrum Guide. Erreichbar unter: Scrum.Org.

Maurya, A. (2013). *Running Lean – Das How-to für erfolgreiche Innovationen.* O'Reilly Verlag.

Maurya, A. (2016). *Scaling lean – Mastering the key metrics for startup growth.* Penguin Random House LLC.

Maximini, D. (2013). *Scrum – Einführung in der Unternehmenspraxis – Von starren Strukturen zu agilen Kulturen.* Springer Gabler Verlag.

McKinsey & Company. (2018). Neue Studie belegt Zusammenhang zwischen Diversität und Geschäftserfolg. https://www.mckinsey.com/de/news/presse/neue-studie-belegt-zusamm enhang-zwischen-diversitat-und-geschaftserfolg. Zugegriffen: 18. Okt. 2022.

McKinsey & Company. (2019). Zero-based budgeting gets a second look. https://www.mck insey.com/capabilities/strategy-and-corporate-finance/our-insights/zero-based-budget ing-gets-a-second-look. Zugegriffen: 21. Okt. 2021.

Mildenberger, F. (2020). *Modernes Change Management – Veränderungen im Unternehmen mit Energie und Emotion effektiv umsetzen.* Books on Demand.

Morozzi, D. (2018). *Projektkommunikation – Ein Handbuch für die Praxis.* Vdf Hochschulverlag AG.

Münter, M. (2018). *Mikroökonomie, Wettbewerb und strategisches Verhalten.* UVK.

Neeley, T., & Leonardi, P. (2022). Developing a digital mindset – How to lead your organization into the age of data, algorithms, and AI. Harvard Business Review. https://hbr.org/2022/05/developing-a-digital-mindset. Zugegriffen: 17. Okt. 2022.

NeuroLeadership Institute. (2022). About us. https://neuroleadership.com/about-us/backgr ound/our-story. Zugegriffen: 13. Okt. 2022.

Norton, M., Mochon, D., & Ariely, D. (2011). *The "IKEA Effect": When labor leads to love.* Working Paper 11–091. Harvard Business School.

Osterwalder, A., & Pigneur, Y. (2012). *Business Model Generation – Ein Handbuch für Visionäre Spielveränderer und Herausforderer.* Campus.

Paul, H., & Wollny, V. (2011). *Instrumente des strategischen Managements – Grundlagen und Anwendung.* De Gruyter Verlag.

Peter, M. (Hrsg.). (2017). KMU-Transformation – Als KMU die Digitale Transformation erfolgreich umsetzen. Forschungsresultate und Praxisleitfaden. FHNW Hochschule für Wirtschaft. https://static1.squarespace.com/static/5b150b06e2ccd1672a32b099/t/5b7fd6 a4c2241bb6302fd73a/1535104682161/Marc-Peter-Digital-Transformation-Canvas-Deu tsch.pdf. Zugegriffen: 21. Okt. 2022.

Peters, T., & Ghadiri, A. (2011). *Neuroleadership – Grundlagen, Konzepte, Beispiele – Erkenntnisse der Neurowissenschaften für die Mitarbeiterführung.* Springer Gabler Verlag.

PricewaterhouseCoopers GmbH WPG. (2019s). Mit Design Thinking neue Servicekonzepte entwickeln. https://www.pwc.de/de/gesundheitswesen-und-pharma/gesetzliche-kra nkenversicherung/mit-design-thinking-neue-servicekonzepte-entwickeln.html. Zugegriffen: 7. Okt. 2022.

PricewaterhouseCoopers GmbH WPG. (2019b). Zwei Drittel der Deutschen stehen neuen Technologien am eigenen Arbeitsplatz positiv gegenüber. https://www.pwc.de/de/presse mitteilungen/2019/zwei-drittel-der-deutschen-stehen-neuen-technologien-am-eigenen-arbeitsplatz-positiv-gegenueber.html. Zugegriffen: 17. Okt. 2022.

PricewaterhouseCoopers GmbH WPG. (2021a). Startups in Deutschland – Aufbruchstimmung und mehr Arbeitsplätze. https://www.pwc.de/de/pressemitteilungen/2021/startups-in-deutschland-aufbruchstimmung-und-mehr-arbeitsplaetze.html. Zugegriffen: 17. Okt. 2022.

PricewaterhouseCoopers GmbH WPG. (2021b). Digitalisierung und Homeoffice bieten Chancen – aber nicht für jeden. https://www.pwc.de/de/pressemitteilungen/2021/digitalis ierung-und-homeoffice-bieten-chancen-aber-nicht-fur-jeden.html. Zugegriffen: 17. Okt. 2022.

PricewaterhouseCoopers LLP. (2022). Rethink Risk. https://www.pwc.co.uk/services/risk/ret hink-risk.html. Zugegriffen: 16. Okt. 2022.

PricewaterhouseCoopers Strategy&. (2010). Zero-based cost management – A holistic approach to managing budgets. https://www.strategyand.pwc.com/gx/en/insights/2002-2013/zero-based-cost-management/strategyand-zero-based-cost-management.pdf. Zugegriffen: 21. Okt. 2022.

Pries, K., & Quigley, J. (2011). *Scrum project management*. Taylor and Francis Group LLC.

Rad, N., & Turley, F. (2020). *Agile Scrum Handbuch*. Van Haren Publishing.

Reinhardt, R., Roosen, G., & Schweizer, K. (2014). Das SCARF-Modell: Einführung für Führungskräfte. In R. Reinhardt (Hrsg.), *Neuroleadership – Empirische Überprüfung und Nutzenpotenziale für die Praxis*. De Gruyter Verlag.

Ries, E. (2011). *The lean startup – How constant innovation creates radically successful businesses*. Penguin Random House UK.

Rigby, D., Sutherland, J., & Takeuchi, H. (2016). Embracing Agile – How to master the process that's transforming management. Harvard Business Review. https://hbr.org/2016/05/embracing-agile. Zugegriffen: 10. Okt. 2022.

Rock, D., & Cox, C. (2012). SCARF in 2012 – Updating the social neuroscience of collaborating with others. *NeuroLeadership Journal, 4,* 129–142.

Rock, D., & Grant, H. (2016). Why diverse teams are smarter. Harvard Business Review. https://hbr.org/2016/11/why-diverse-teams-are-smarter. Zugegriffen: 18. Okt. 2022.

Röpstorff, S., & Wiechmann, R. (2016). *Scrum in der Praxis – Erfahrungen, Problemfelder, Erfolgsfaktoren*. Dpunkt.verlag GmbH.

Rutitis, D., & Volkova, T. (2021). Model for development of innovative ICT Products at high-growth potential startups. In: Bilgin, M., Danis, H., Demir, E., & Garcia-Gomez, C. (Hrsg.), *Eurasian Business and Economics Perspectives – Proceedings of the 32nd Eurasia Business and Economics Society Conference*. Switzerland: Springer Nature Verlag.

Schallmo, D. (2017). *Design Thinking erfolgreich anwenden – So entwickeln Sie in 7 Phasen kundenorientierte Produkte und Dienstleistungen*. Springer Gabler Verlag.

Scheer, A. (2020). *Unternehmung 4.0 – Vom disruptiven Geschäftsmodell zur Automatisierung der Geschäftsprozesse*. Springer Gabler Verlag.

Schiefer, G., & Gattner, R. (2019). *Neuroleadership – die Grundannahmen in kritischer Analyse – Was Neurowissenschaften zur Zukunft von Führungstheorien wirklich beitragen*. Springer Gabler Verlag.

Schroeter, B. (2002). *Operatives Controlling – Aufgaben, Objekte, Instrumente*. Gabler.

Schumpeter, J. A. (2020). *Kapitalismus, Sozialismus und Demokratie*. Narr Francke Attempto Verlag.

Schweizer, K. (2015). *Neuroleadership – Fremd- und Selbsteinschätzung des Führungskräfteverhaltens in einem mittelständischen Unternehmen*. Springer Gabler Verlag.

Siebert, J. (2006). Führungssysteme zwischen Stabilität und Wandel – Ein systematischer Ansatz zum Management der Führung. In A. Picot, R. Reichwald, & E. Franck (Hrsg.), *Markt- und Unternehmensentwicklung*. GWV Fachverlage GmbH.

Sutherland, J. (2015). *Die Scrum-Revolution – Management mit der bahnbrechenden Methode der erfolgreichsten Unternehmen.* Campus Verlag GmbH.

Tapia, F., McKay, A., & Robinson, M. (2021). Simulation of feedback loops in engineering design. Cambridge University Press. https://www.cambridge.org/core/journals/procee dings-of-the-design-society/article/simulation-of-feedback-loops-in-engineering-design/ 304DF06DEE87B735315F0839CC1B86FB. Zugegriffen: 20. Okt. 2022.

Van der Wardt, R. (o. J.). Sprint backlog. https://scrumguide.de/sprint-backlog/. Zugegriffen: 12. Okt. 2022.

Van Dick, R., & Stegmann, S. (2016). Diversity, Social Identity und Diversitätsüberzeugungen. In P. Genkova & T. Ringeisen (Hrsg.), *Handbuch Diversity Kompetenz – Band 1: Perspektiven und Anwendungsfelder.* Springer Gabler Verlag.

Wagner, D. J. (2018). *Digital Leadership – Kompetenzen – Führungsverhalten – Umsetzungsempfehlungen.* Springer Gabler Verlag.

Weinmann, S. (2020). *Statistische Hypothesentests – Bausteine der Künstlichen Intelligenz.* Springer Gabler Verlag.

Wolan, M. (2020). *Next Generation Digital Transformation – 50 Prinzipien für erfolgreichen Unternehmenswandel im Zeitalter der Künstlichen Intelligenz.* Springer Gabler Verlag.

ZEIT ONLINE. (2021). Jeder Achte fürchtet wegen Digitalisierung um Arbeitsplatz. Jobstudie 2021. https://www.zeit.de/arbeit/2021-10/jobstudie-2021-ey-arbeitsplatz-verlust-dig italisierung-sorgen-arbeitswelt?utm_referrer=https%3A%2F%2Fwww.google.com%2F. Zugegriffen: 17. Okt. 2022.

Zollondz, H. (2013). *Grundlagen Lean Management – Einführung in Geschichte, Begriffe, Systeme, Techniken sowie Gestaltungs- und Implementierungsansätze eines modernen Managementparadigmas.* Oldenbourg Verlag.

Printed in the United States
by Baker & Taylor Publisher Services